사랑한다고 말할 수 없으면 사랑이 아니래

임이랑 에세이

[편집자 주]
이 책은 아래와 같이 책의 형태로 엮인 적이 없는 세 가지의 요소를 순서대로 배열한 구성으로 이루어져 있다.

[인스타그램 피드를 캡처한 사진]
→ [해당 사진 속 피드의 글을 다시 옮긴 텍스트(고딕체)]
→ [시간이 지나 이 텍스트에 덧붙인 글(명조체)]

이 세 가지가 유기적으로 잘 읽혀야 작가가 전하고자 하는 바를 좀더 잘 전달할 수 있기에, 이들의 유기적 관계를 최대한 잘 살릴 수 있게 배열하는 것을 편집의 최우선 순위로 두었다.

(1) 인스타그램의 피드를 캡처한 사진은 바로 아래에 해당 피드의 텍스트를 옮겨 놓았기에 사진이 중심이지만, 본래의 피드 느낌을 살릴 수 있도록 피드의 텍스트도 사진과 함께 눈에 잘 들어오도록 만들고자 했다. 이를 위해 피드의 글이 짧거나 길어 조정을 해야 할 경우에는 다른 피드들과 너비나 비율 등을 다르게 조정하였다.

(2) 인스타그램 피드의 텍스트는 현장감을 공유하기 위해 맞춤법이나 띄어쓰기 등을 되도록 원문 그대로 옮기는 것을 교정의 원칙으로 삼았다. 때문에 글의 의미를 전달하는 데 명백하게 방해가 되는 경우를 제외하고는 오타 등의 실수도 되도록 원문 그대로 반영했다.

(3) 인스타그램 피드의 텍스트와 덧붙임 글이 서로 긴밀하게 이어지므로 이 둘을 되도록 한꺼번에 읽을 수 있도록 배치했다. 이를 위해 텍스트의 자간이나 행간을 부득이하게 다르게 조정한 경우가 있다.

목차

프롤로그 ···································· 5
아무튼 유월 ······························· 15
사랑에 대하여 ···························· 41
밤을 좋아하는 사람 ···················· 81
나다움을 유지하려면 ················103
나의 테오 ································· 165
엄마가 되고 나서야 알게 된 것들 ········215
여행의 기쁨 ····························· 239
인생은 좋았고 때론 나빴을 뿐이다 ······ 283
에필로그 ································· 333
작가의 말 ································ 339

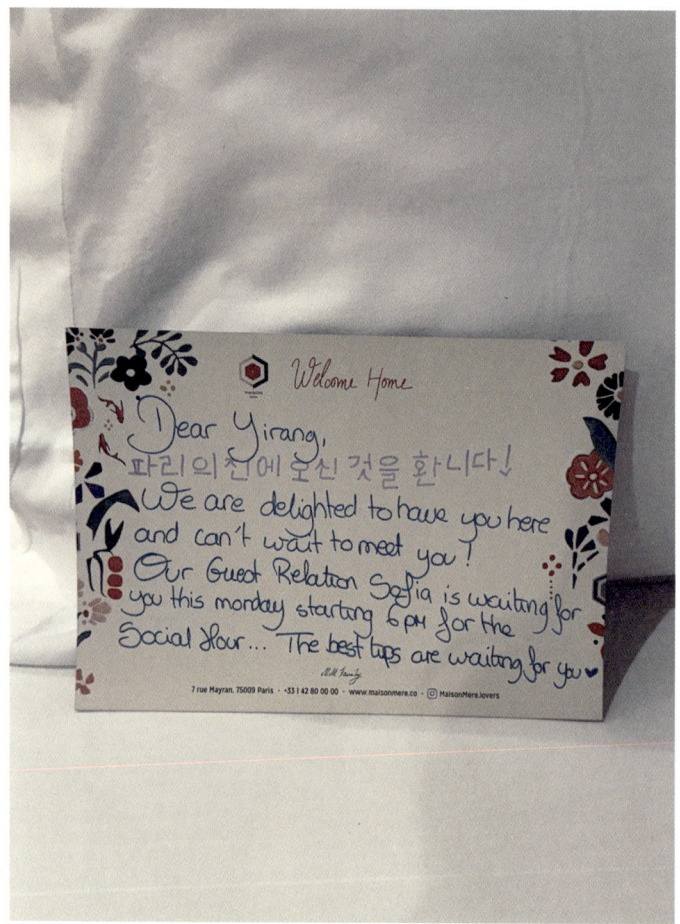

프롤로그
- 2024 겨울, 파리에서

여행은 떠나는 그 자체로 의미가 있다. 내가 발 딛고 사는 곳을 완전히 떠나 새로운 땅으로 나를 옮기며 마음 속 깊은 곳에 간직했던 진짜 생각, 진짜 나의 모습을 발견하기도 한다.

 withent77

4/10

silvermikim님 외 **여러 명**이 좋아합니다

withent77 파리 이모저모. 유럽의 겨울은 더 빨리 해가 지는지 일찍 어두워져서 생각보다 많이 돌아다니진 못한다. 풀잎이 무성하고 더웠을 계절도 좋았겠지만 낙엽이 떨어지고 옷깃을 여미며 빠르게 걸어가는 사람들 사이로 보이는 겨울 파리도 좋다. 호텔에서 남겨 준 카드에 "파리의 진에 오신 걸 환니다" 라고 틀리게 적혀 있는게 더 마음에 들었다. 과일 매대를 지날 땐 더현대팝업에서 고생해서 만들었던 우리의 '유럽의 어느 시장 과일 매대'도 떠올랐다. 몽마르뜨 언덕은 처음 가봤는데 빨간 베레모를 쓰고 딸기 타르트를 들고 사진 찍는 모습이 너무 예뻐보여서 나도 찍어 에어드롭을 해줬다.
#이랑in파리

Withent77 파리 이모저모. 유럽의 겨울은 더 빨리 해가 지는지 일찍 어두워져서 생각보다 많이 돌아다니진 못한다. 풀잎이 무성하고 더웠을 계절도 좋았겠지만 낙엽이 떨어지고 옷깃을 여미며 빠르게 걸아가는 사람들 사이로 보이는 겨울 파리도 좋다. 호텔에서 체크인할 때 침대에 놓아 둔 카드에 "파리의 진에 오신 걸 환니다" 라고 틀리게 적혀 있는게 더 마음에 들었다. 과일 매대를 지날 땐 더현대팝업에서 고생해서 만들었던 우리의 '유럽의 어느 시장 과일 매대'도 떠올랐다. 몽마르뜨 언덕은 처음 가봤는데 빨간 베레모를 쓰고 딸기 타르트를 들고 사진 찍는 모습이 너무 예뻐보여서 나도 그녀를 찍어 에어드롭을 해줬다.
#이랑in파리

눈이 무척 많이 내렸다. 117년 민의 최고 기록을 세웠다는 폭설이 하필 첫눈 오는 날에 쏟아졌다. 나는 공항으로 가던 길이었다. 5년만에 파리에 가는 길 그것도 혼자 가는 파리라니 이 사실만으로 특별했다. 펑펑 내리는 눈 사이로 공항에 갈 때까지만 해도 쌓이는 눈이 예쁘다고만 생각했지 내가 타게 될 비행기를 띄우지 못할 만큼의 엄청난 눈이라고는 생각하지 못했다. 몇 시간의 지연 끝에 비행기에 탔고 이

륙하지 못한 채 또 몇 시간을 비행기 안에서 대기하다 결국 결항이 되었다. 전 세계로 이륙하려던 수십 수백 대의 비행기가 결항이 된 공항은 그야말로 난리통이었다. 승무원도 승객도 그렇게 긴 줄을 처음 봤다. 출국(심사)는 했지만 다른 나라로 가지도 못한 채 다시 입국을 해야 하는 엄청난 역사열[1]을 경험했다. 다음 날 아침 비행기로 대체되었다고 했다.
폭설을 뚫고 다시 서울로 나가기도, 새벽 비행기를 타러 다시 돌아오기도 쉽지 않을 것 같아 공항 근처에서 하룻밤을 보내기로 했다. 어렵게 가는 파리행이었기 때문에 일정이 짧은 편이었고 하루를 이렇게 보내는 게 아깝기도 했지만 뭐 어쩌겠는가. 아쉬워할 시간도 아깝다. 짧은 하룻밤을 보내기엔 호텔이 꽤 좋았다. 결항으로 발이 묶이고 갈 곳을 잃은 수많은 사람들이 잘 곳을 찾아 호텔로 몰려왔다. 체크인을 위해 또다시 대기를 했고 선택지 없이 얻은 방은 넓고 쾌적해서 하루 종일 굶고 지친 몸과 마음이 조금은 보상되는 것 같았다.

그리고 다음 날 오전 5시 다시 공항으로 향했다. 또 결항이란다. 대기 줄에 서서 다음 표로 바꾸거나

---

[1] 역사열은 출국심사를 마친 사람이 사정에 의해 출국이 불가능해질 경우 출국심사를 취소·철회해 다시 입국하는 것을 말한다.

환불을 하라고 한다. 결항된 수많은 항공편의 승객들이 또 줄을 서기 시작했다. 일단 줄을 섰다. 그렇게 다섯 시간이 넘게 줄을 서 있었다. 일행이 없으니 자리를 비우면 줄에서 이탈될까 봐 화장실도 가지 못하고 그래서 물도 안 마셨다. 큰 캐리어를 끌고 서서 할 수 있는 일은 많지 않았다. 핸드폰을 들여다보는 것도 지겨워졌다. 사람들을 구경했다. 이 눈을 뚫고 떠나는 사람들의 환송과 작별의 순간들이 눈에 들어왔다. 영화 〈러브 액츄얼리〉는 공항 장면으로 시작한다. 애틋하게 입맞춤을 하는 커플, 달려와 엄마에게 안기는 아이들, 사랑하는 사람들과 상봉하는 모습과 함께 이런 내레이션이 나온다. '세상사가 울적해지면 나는 히드로 공항의 입국장을 떠올린다. 사람들은 세상이 증오와 탐욕으로 가득하다고 생각하지만 실은 사랑이 가득하다.' 몇 번을 봐도 뭉클해지고 또 끄덕여지는 장면이다. 나는 눈 잎의 웅성대는 사람들 속에서 여러가지 표정을 관찰했다. 아쉬움과 고마움의 인사 속 사랑이라는 말을 떠올리기에 충분한 모습이었다. 그러는 사이 드디어 내 순서가 돌아왔고 바로 한 시간 뒤에 떠나는 파리행 비행기의 한자리를 어렵게 구해냈다. 꼬박 하루가 넘게 공항을 벗어나지 못하는 내 표정이 간절했는지 담당 직원분이 정말 여기저기 전화를 하고 모니터를 보며 자판을 두드린 끝에

얻어낸 소중한 티켓.

다시 출국장을 빠져나가며 이런 생각이 들었다. 내가 파리에 왜 가려고 했는지 무엇 때문에 가고 싶었는지 잠시 잊은 것 같다고. 그저 파리행 비행기에 몸을 싣는 것 자체가 나의 목적이었다는 듯이. 그래서 그 목적을 달성한 나는 전투에서 승리한 용사처럼 씩씩하게 걸어 탑승구로 가고 있었다. 그런 내 모습이 유리창에 비춘 걸 보고 피식 웃음이 났다. 여행은 떠나는 그 자체로 의미가 있다. 내가 발 딛고 사는 곳을 완전히 떠나 새로운 땅으로 나를 옮기며 마음 속 깊은 곳에 간직했던 진짜 생각, 진짜 나의 모습을 발견하기도 한다. 5년 전 파리를 혼자 다녀온 이후 내 삶이 달라졌다. 아마도 대단한 결심을 하고 돌아왔던 건지 혼자 다녀온 파리 여행의 용기로 삶을 이어간 건지 모르겠지만 확실한 건 그 전엔 할 수 없다고 생각한 것들을 그 이후에 해냈다. 물론 지난 5년 간 나에게는 일일이 세기도 어려울 만큼 많은 실패가 있었다. 다시 돌아간다고 해도 나는 그 실패들을 반복하지 않을 자신이 없다. 내 삶이 멈춰 있다고 생각했을 때 이 책을 쓰기 시작했다. 더이상은 나아갈 곳도 나아갈 방법도 없다고 생각한 막막하고 어두웠던 까만 밤에 시작한 글들이 모여 여기까지 왔다. 나에 대해

내 인생에 대해 쓰는 건 자주 실패로 돌아갔다. 보여지는 곳에 나를 담아내는 것은 쉽고도 어려웠다. 좀 더 괜찮은 사람처럼 보이려 포장되곤 하는 나의 밑천이 금방 들통날 것 같았고 그럴 때마다 나의 글은 어설펐다. 두려운 마음이 늘 앞섰다. 내가 사랑하는 것들 내게 가장 소중한 것들을 지키지 못하게 될까 봐. 그런데 그 두려움으로 살았고 그 두려움이 글을 쓰게 했다. 파리에서의 아름답고 춥고 멋진 수많은 풍경들과 경험들을 뒤로하고 비행기가 결항되어 공항에서 보낸 이틀이 그리고 이틀이 걸려 도착한 파리의 첫날 밤 마주한 에펠탑이 이번 여행에서 가장 기억에 담는 장면이 되었다.

평소 좋아하는 유튜브 크리에이터 이승국 씨의 아버지가 기록한 자녀 양육에 대한 이야기를 읽고 감탄했던 기억이 있다. 종교적 신념을 떠나 부모로서, 또한 개인의 인생에 - 특히나 우리나라처럼 타인의 이목에 신경 쓰고 경쟁적인 사회에 사는 우리들에게 - 적용되는 지침 같아 메모장에 적어 놓았던 구절을 옮겨본다. "모두 생김새가 다르듯 재능들도 다르니 목사의 아들이라는 사실에 구속받지 말고 본인 답게 살며 모두 실수할 수 있는 자유를 갖고 살아라." 나는 이 문장을 자주 꺼내 본다. 그리고 내가 마주하는 매일의 두려움이나 실패 앞에 이 말을 떠올린다. 실수할 수 있는 자유를 누린다는 것이 얼마나 인생을 풍요롭게 할 수 있는지 알기에 테오가 살아 갈 인생에도 그 자유만큼은 언제까지라도 누리게 하고 싶다. 물론 나는 앞으로도 나에 대해 쓰는 것, 누군가에 대해 쓰는 일, 그리고 현실을 살아내는 과정에 종종 실패할 것이다. 그래도 나는 두려운 마음을 가지고 계속 살고 싶고 계속 쓰고 싶다. 나의 실수와 실패의 이야기들을 언젠가의 테오가, 혹은 실패를 거듭하며 외로운 사투를 벌이고 있는 누군가 읽게 된다면, 그래서 조금 더 나 답게 살기로 다짐하는 마음이 새털만큼이라도 더해지길 바라는 마음으로 나의 글을 세상으로 흘려보낸다.

2024. 12. 3. 파리에서
임이랑

아무튼 유월

난 유월이 싫었다.
일 년 달력 중 없애고 싶은 달이기도 했다.

withent77

twinkle_dy님, juhyung.kang님 외 **451명**이 좋아합니다
withent77 세상 겁쟁이 쫄보인 내가 두려워 하지 않게 된 일은 슬픔을 들키는 일이다. 기쁨으로 위장하지 않은 있는 그대로의 슬픔은 들키고 나면 차라리 시원하고 더이상 슬픔도 아닌게 된다. 슬픔을 들키는 게 언젠가 나의 약점으로 돌아올거라는 계산으로 숨기지 말고 슬픔을 들켜봐. 나 같은 쫄보도 엄청난 용기를 갖게 됐거든. 절기상 낮의 길이가 가장 길다는 하지였던 어제, 낮보다 더 길었던 밤의 일기.
#아무튼_유월

Withent77 세상 겁쟁이 쫄보인 내가 두려워 하지 않게 된 일은 슬픔을 들키는 일이다. 기쁨으로 위장하지 않은 있는 그대로의 슬픔을 들키고 나면 차라리 시원하고 더이상 슬픔도 아닌게 된다. 슬픔을 들키는 게 언젠가 나의 약점으로 돌아올 거라는 계산으로 숨기지 말고 슬픔을 들켜봐. 나 같은 쫄보도 엄청난 용기를 갖게 됐거든. 절기상 낮의 길이가 가장 길다는 하지였던 어제, 낮보다 더 길었던 밤의 일기.
#아무튼_유월

누군가 나에 대해 쓴 글을 읽은 적이 있는데, '연약함을 거침없이 드러내는 것'이 나의 강인함이라고 쓰여 있었다.
그 표현이 싫기도 (부끄럽기도) 했지만 또 좋기도 했다. 확실한 사실은 슬픔을 들키는 일을 두려워하지 않고서야 나는 슬픔을 비로소 놓아줄 수 있게 되었다는 것이다.
좀 쪽팔리면 어때! 어차피 세상은 내가 생각하는 것만큼 나에게 관심이 없다구.

 withent77

sk_captainpark님, verhpjp님 외 **376명**이 좋아합니다
withent77 꽉꽉 찬 사진첩 만큼이나 메모장에는 그 순간이 지나면 사라질세라 기록했던 오래된 나의 문장들, 그리고 내 마음을 나보다 더 잘 대변해 주는 것 같은 작가들의 문장들이 담겨있다. 오래된 메모장을 읽다보니 모든게 별거 아닌게 되었다. 운명이란 어느 날 내가 오라 해서 온 적 없고, 가라 해서 가는 게 아니라고 한 이성복 시인의 말처럼 기쁨이 오면 기쁨을 먼저 보내주고, 슬픔이 오면 슬픔을 먼저 보내주는 것. 유연한 마음, 강요하지 않고 부담을 주지 않는 여백의 마음이 있는 사람이고 싶다.
#아무튼_유월

Withent77 꽉꽉 찬 사진첩 만큼이나 메모장에는 그 순간이 지나면 사라질세라 기록했던 오래된 나의 문장들, 그리고 내 마음을 나보다 더 잘 대변해 주는 것 같은 작가들의 문장들이 담겨있다. 오래된 메모장을 읽다보니 모든게 별거 아닌게 되었다. 운명이란 어느날 내가 오라고 해서 온 적 없고, 가라 해서 가는 게 아니라고 한 이성복 시인의 말처럼 기쁨이 오면 기쁨을 먼저 보내주고, 슬픔이 오면 슬픔을 먼저 보내누는 것. 유연한 마음, 강요하지 않고 부담을 주지 않는 여백의 마음이 있는 사람이고 싶다.

#아무튼_유월

매일 기쁘고 신나고 행복할 수만은 없는 것처럼, 슬프고 괴로운 것도 항상 우리 곁에 있는 것이다. 어느 날 내가 오라 해서 온 적이 없고 가라 해서 간 적이 없는 운명처럼. 신나는 날은 신나는 마음을 양껏 즐긴다. 대신 우울한 날은 우울한 마음을 우울한대로 내버려둔다. 억지로 신나려고 노력하지 않는다. 영화 인사이드 아웃의 우울이처럼 우울한 나도 나의 일면이다. 남에게도 스스로에게도 강요하지 않는 마음이 진짜 마음을 느끼고 읽고 공감할 수 있는 근간, 유연한 마음의 시작일 거다.

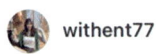 withent77

sk_captainpark님, bora890님 외 **509명**이 좋아합니다
withent77 사유리씨가 이런 이야길 하더라구요. 제 얼굴이 솔직히 예쁜 것 같아요 라고 하면 재수없다고 말하는데 솔직히 제 코는 성형한 코예요 라고 하면 솔직해서 좋다고 한다고. 왜 사람들은 솔직한 이야기에도 가르기를 하나며. 결점이나 컴플렉스를 솔직하게 말했을 때처럼 좋은거 잘한거 긍정적인 솔직함도 꼬인 마음 없이 인정하고 받아주는 쿨한 사람이 되고 싶어요. 어제 술 먹고 하고 싶은 말을 하는 것도 나. 올해 처음 타는 뚜뚜에 신나서 깔깔 댔던 것도 나. 멋지고 좋은 날은 한껏 잘난척도 하고 힘들고 쓰린 날은 아프다고 말하는 게 제 방식의 솔직함 같아요. 별건 없지만 또 별거 있는 롤러코스터같은 저의 작은 기록들에 관심 가져주셔서 고마워요. 전 어쩔 수 없는 관종인가봐요.
#아무튼_유월

Withent77 사유리씨가 이런 이야길 하더라구요. 제 얼굴이 솔직히 예쁜 것 같아요 라고 하면 재수 없다고 말하는데 솔직히 제 코는 성형한 코예요 라고 하면 솔직해서 좋다고 한다고. 왜 사람들은 솔직한 이야기에도 가르기를 하냐며. 결점이나 컴플렉스를 솔직하게 말했을 때처럼 좋은거 잘한거 긍정적인 솔직함도 꼬인 마음 없이 인정하고 받아주는 쿨한 사람이 되고 싶어요. 어제 술 먹고 하고 싶은 말을 하는 것도 나. 올해 처음 타는 뚜뚜에 신나서 깔깔댔던 것도 나. 멋지고 좋은 날은 한껏 잘난척도 하고 힘들고 쓰린 날은 아프다고 말하는 게 제 방식의 솔직함 같아요. 별건 없지만 또 별거 있는 롤러코스터같은 저의 작은 기록들에 관심 가져 주셔서 고마워요. 전 어쩔 수 없는 관종인가봐요.
#아무튼_유월

왜 그런 거 있잖아. 슬프고 힘든 일 있을 때 위로와 동정과 격려는 쉬운데 진짜로 잘되고 기쁜 일이 있을 때 진심으로 축하해 주는 게 더 어렵다고. 그래서 진짜 친구는 어려울 때보다 엄청 잘 됐을 때 판가름 난다고, 위로는 위선으로 (어쩌면) 되는데 배 아픈 건 위선으로 잘 안되거든. 내가 고3일 때 2학기 수시로 대학에 합격했다. 지금처럼 수시 입학 정원이 많지도 않았고 우리 고등학교에서 수시로 합격한 사람은 손에

꼽힐 때였다. 물론 수능 점수가 최종 반영되긴 하는 거였지만, 거의 합격과 다름없는 결과여서 전교에 소문이 금방 났고 점심 급식 시간에 다른 반 친구들도 축하를 건네줬다. 그런데 나와 매일 밥을 같이 먹는 단짝이었던 친구가 점심시간 내내 나와 한마디도 하지 않았다. 화가 난 사람처럼 단 한마디도 하지 않은 채로 점심을 먹었다. 나는 영문을 몰랐다. 그 친구의 축하 인사도 들을 수 없었다. 그리고 지금 그 친구와는 연락이 닿지 않는다. 나는 대학에 온 뒤로도 새로운 사람을 만나고 친구를 사귈 때 꼭 떠올리는 마음이 있다. 꼬인 마음 없이 산뜻하게 축하와 위로를 건넬 수 있는 사람이고 싶다.

withent77

studio1657님, concentric_derek님 외 **560명**이 좋아합니다
withent77 (코로나 시절에 아무데도 못가니) 걸어서 세계속으로 보면서 티비로 세계일주 다니던 때가 있었는데 말이죠. 요즘 만나는 사람마다 여름 휴가 어디 갈지 이야기 하며 설레는 모습 많이 보여서 덩달아 신나는 거 있죠. 저두 전세계 가보고 싶은 곳을 무한대로 적어놓고 있는데 다 가려면 오래 살아야 할 것 같아요.

우주피스공화국 이라고 아세요? 리투아니아 수도 빌뉴스에 있는 곳인데, 일년에 하루 4월 1일 24시간 동안만 나라가 된다고요. 와. 정말 만우절 농담 같은 하루짜리 나라. 거짓말처럼 귀여운 나라. 재밌는건 우주피스공화국 헌법이 거리에 걸려있는데요. 귀엽기도 뭉클하기도 해서 제 메모장에도 남겨 놓은 헌법 중 몇가지를 적어볼게요. 저에게도 또 모두에게 좋을 말 같아서요.

1. 모든 사람은 실수할 권리를 가진다.
2. 모든 사람은 유일한 존재가 될 권리를 가진다.
3. 모든 사람은 사랑할 권리를 가진다.
4. 모든 사람은 자유로울 수 있다.
5. 모든 사람은 자신의 자유에 대한 책임을 진다.
6. 모든 사람은 울 권리를 가진다.
7. 모든 사람은 이해받지 못할 권리를 가진다.

울 권리가 있다. 전 이 말이 왜케 좋죠.
사진은 밥 잘 먹다가 우는 사람……
#아무튼_유월

Withent77 (코로나 시절에 아무데도 못가니) 걸어서 세계 속으로를 보면서 티비로 세계일주를 다니던 때가 있었는데 말이죠. 요즘 만나는 사람마다 여름 휴가 어디 갈지 이야기하며 설레는 모습 보니 덩달아 신나는 거 있죠. 저도 전세계 가보고 싶은 곳을 무한대로 적어놓고 있는데 다 가려면 오래 살아야 할 것 같아요.

우주피스공화국 이라고 아세요? 리투아니아 수도 빌뉴스에 있는 곳인데, 일년에 하루 4월 1일 24시간동안만 나라가 된대요. 와. 정말 만우절 농담 같은 하루짜리 나라. 거짓말처럼 귀여운 나라. 재밌는 건 우주피스공화국 헌법이 거리에 걸려있는데요. 귀엽기도 뭉클하기도 해서 제 메모장에도 남겨 놓은 헌법 중 몇가지를 적어볼게요. 저에게도 또 모두에게도 좋을 말 같아서요.

1. 모든 사람은 실수할 권리를 가진다.
2. 모든 사람은 유일한 존재가 될 권리를 가진다.
3. 모든 사람은 사랑할 권리를 가진다.
4. 모든 사람은 자유로울 수 있다.
5. 모든 사람은 자신의 자유에 대한 책임을 진다.
6. 모든 사람은 울 권리를 가진다.
7. 모든 사람은 이해 받지 못할 권리를 가진다.

울 권리가 있다. 전 이말이 왜이렇게 좋죠. 사진은 밥 먹다가 잘 우는 사람……
#아무튼_유월

거의 20년쯤은 된 KBS 장수 프로그램인 〈걸어서 세계 속으로〉. 사실 이건 엄마의 최애 프로그램 중의 하나였는데, 언젠가부터 나도 좋아하게 됐다. 여행을 모티브로 한, 수많은 프로그램이 생기고 사라진다. '콘텐츠 크리에이터'라는 직업이 생겼고 여행을 다니며 기록하고 공유하는 여행가가 선망의 직업이 되었다. 사람들은 왜 계속 떠나고 싶어하는 것일까. 지금 발 디디고 있는 땅에서 하지 못한 어떤 소망이나 바람을 여행지에서 이루고 싶은 것일까. 어쩌면 현실을 두고 잠시 떠난다는 것 자체가 설레는 일일지도 모르겠다.

나도 리투아니아의 우주피스 공화국에는 언젠가 꼭 가보고 싶다. '모든 사람은 울 권리가 있다.' 나의 울 권리를 찾기 위해…

 withent77

♡ 440 💬 14 ✈ 1 🔖

twinkle_dy님, nohseongcheol님 외 여러 명이 좋아합니다
withent77 쓸 때는 6[육]이지만, 읽을 때는 유월 이라고 말하는 달이다. 가볍고 부드러운 소리로 읽히는 유월. 화창하고 맑은 하늘처럼 맑은 마음이 가득했으면 좋겠는 내가 가장 좋아하는 달.
#아무튼_유월

Withent77 쓸 때는 6[육]이지만, 읽을 때는 유월이라고 말하는 달이다. 가볍고 부드러운 소리로 읽히는 유월, 화창하고 맑은 하늘처럼 맑은 마음이 가득했으면 좋겠는, 내가 가장 좋아하는 달.
#아무튼_유월

사랑이 시작했고 사랑이 끝났던 6월. 무엇이든 다시 시작할 수 있을 것 같은 6월이 또 찾아왔다. 나이가 들면서 좋은 게 몇 가지가 있는데, 그 중 하나가 '엔딩 집착'을 버리게 되었다는 거. 사랑에는 이별도 있고 만남에는 헤어짐도 있고 탄생에는 죽음도 있게 마련일 뿐. '이래야만 한다'는 정해진 정답 같은 엔딩은 없다. 언젠가 죽기가 무서워서 안 사는 사람은 없는 것처럼. 이별이 무서워서 사랑하지 않는 것은 너무나 바보 같다. 내 사랑의 엔딩이 언제나 실패라고 하더라도 나는 또 사랑을 의심하지 않을 것이다.

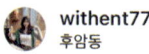 **withent77**
후암동

sk_captainpark님, bora890님 외 **487명**이 좋아합니다
withent77 어쩐일로 일기 예보도 안보고 비올 거 생각도 못하고 흰 원피스 입고 나온 날. 일하다 말고 우산 쓰고 황급히 가는 곳은.. 내 방앗간. 친절하고 맛도 있지만 이 분식집의 킬포는 작은 창문. 포르투갈어에는 "창문하다"는 동사가 있다. 창 밖으로 바람도 느끼고 꽃들도 보고 지나가는 아는 사람을 만나면 인사를 건네기도 하는 말 창문하다. 정말 낭만적인 말이다. 비오는 날의 낭만 3종 세트 1. 우산쓰고 걷기 2. 라면 먹기 3. 창문하기
#아무튼_유월

Withent77 어쩐 일로 일기 예보도 안보고 비올 거 생각도 못하고 흰 원피스를 입고 나온 날. 일하다 말고 우산 쓰고 황급히 하는 곳은... 내 방앗간. 친절하고 맛도 있지만 이 분식집의 킬포는 작은 창문. 포르투갈어에는 "창문하다" 라는 동사가 있다. 창 밖으로 바람도 느끼고 꽃들도 보고 지나가는 아는 사람을 만나면 인사를 건네가도 하는 말 – 창문하다. 정말 낭만적인 말이다. 비오는 날의 낭만 3 종 세트는 1. 우산쓰고 걷기. 1. 라면 먹기. 3. 창문하기.
#아무튼_유월

다른 나라 말, 특히 전혀 모르는 낯선 언어에서 가끔 재밌는 것들을 발견하면 그렇게 신날 수가 없다. 예를 들어 빵이라는 말은 포르투갈어 'pão'에서 유래했고 불어로는 빵이라는 단어가 pain [pɛ̃] 인데 한글로 빵과 발음이 비슷하다. (윽 귀여워 이런 발견) '창문하다' 라는 포르투갈어가 있다니 (janealar). 창문을 하다니. 창 밖을 바라보며 생각하고 느끼는 것 자체가 하나의 동사라니. 하나의 동작을 표현히는 것이 하나의 동사라는 고정관념을 부셔주는 근사한 말이다. 하긴 모든 행동에 하나의 마음만 있는 건 아니니까. 당신에 대한 이러 저러한 모든 마음이 모여서 사랑이라는 행동으로 표현될 때가 있으니까. 내일은 일기예보에 비가 온다고 한다. 오랜만에 창문해야겠다.

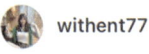 withent77

hyeon_do_k님, naturalgreen_korea님 외 **331명**이 좋아합
withent77 언제 찍을거예요? 어떤땐 안찍어. 아름다운 순간을 보면 카메라로 방해하고 싶지 않아. 그저 그 순간에 머물고 싶지.

사진을 찍지 않는 그에게 물었고 손과 비슷한 대답이 돌아왔다. 사진에 담진 않았지만 마음에 다 담았다고. 에이. 그래도 남는건 사진이지. 시간이 지나서 함께 할 수 없을 때 추억할 수 있는건 사진이잖아. 다시는 볼 수 없는 언젠가 되었을 때 너무 그리우면 어쩌지? 그래 그럼 한장 남겨보자.

낮에 오래 누워있었더니 바이오리듬상 밤에 잠이 오지 않는다. 따끈하게 적당히 식은 보릿차를 한모금 마시고 창밖을 봤는데. 서울 밤에 웬걸 별이 반짝이고 있네. 주목해 달라고 말한 적 없지만 언제나처럼 같은 자리에서 빛나고 있다. 아름다운 것들은 관심을 바라지 않지.
#아무튼_유월

Withent77 언제 찍을거예요? 어떤 땐 안찍어. 아름다운 순간을 보면 카메라로 방해하고 싶지 않아. 그저 그 순간에 머물고 싶지.

사진을 찍지 않는 그에게 물었고 손과 비슷한 대답이 돌아왔다. 사진에 담진 않았지만 마음에 다 담았다고. 에이. 그래도 남은건 사진이지. 시간이 지나서 함께 할 수 없을 때 추억할 수 있는 건 사진이잖아. 다시는 볼 수 없는 언젠가가 되었을 때 너무 그리우면 어쩌지? 그래 그럼 한장 남겨보자.

낮에 오래 누워있었더니 바이오리듬상 밤에 밤이 오지 않는다. 따끈하게 적당히 식은 보릿차를 한모금 마시고 창밖을 봤는데, 서울밤에 웬걸 별이 반짝이고 있네. 주목해 달라고 말한 적은 없지만 언제나처럼 같은 자리에서 빛나고 있다. 아름다운 것들은 관심을 바라지 않지.
#아무튼_유월

내가 되게 좋아하는 사람이 있는데 사진 찍는 걸 (정확히는 찍히는 걸) 좋아하지 않는다. 그 순간을 마음과 눈에 담는다는데, 멋있는 말로 들리기도 하고....... 사실은 나랑 같이 안 찍고 싶어서 했던 말이 아닐까 물어보고 싶었는데 아직 묻지 못했다. 열린 결말이 좋으니 앞으로도 묻지 않을 생각이다.

 **withent77**
Osteria Cotto 오스테리아 꼬또

twinkle_dy님, jamiejamiechoi님 외 **491명**이 좋아합니다
withent77 지난 10년간 6월은 저에게 가장 큰 환희와 기쁨을 그리고 가장 큰 상실과 슬픔을 준 달이었어요. 그래서 올 해 6월은 과거에 매이지 말고 하루하루 꾹꾹 담아 의미 있게 보내고 싶었고 어제는 그 6월의 마지막 날. 축하할 일도 마침 있어서 좋아하는 와인도 마시며 기쁨도 슬픔도 모두 흘러가게 두었어요. 나를 떠나간 것들을 셀게 아니라 여전히 내게 남아 나를 아끼고 사랑해주는 존재에 대해 매이지 세다보니 밤 하늘 별처럼 많던걸요. 새로운 10년을 위해 씩씩하게 또 시작해봅니다.
#아무튼_유월 #끝

Withent77 지난 10년간 6월은 저에게 가장 큰 환희와 기쁨을 그리고 가장 큰 상실과 슬픔을 준 달이었어요. 그래서 올 해 6월은 과거에 매이지 말고 하루하루 꾹꾹 담아 의미 있게 보내고 싶었고 어제는 그 6월의 마지막 날. 축하할 일도 마침 있어서 좋아하는 와인도 마시며 기쁨도 슬픔도 모두 흘러가게 두었어요. 나를 떠나간 것들을 셀 게 아니라 여전히 내게 남아 나를 아끼고 사랑해주는 존재에 대해 세다 보니 밤 하늘의 별처럼 많던 걸요. 새로운 10년을 위해 씩씩하게 또 시작해봅니다.
#아무튼_유월 #끝

난 유월이 싫었다.
일 년 달력 중 없애고 싶은 달이기도 했다.
나는 유월에 결혼을 했었다. 사방이 초록으로 물든, 여름으로 가는 따뜻한 봄의 햇살이 내리쬐던 날에. 결혼식 날 아빠도 나도 많이 울었다. 아빠가 김동규의 〈10월의 어느 멋진 날에〉라는 곡을 색소폰으로 연주했다. 간주할 때 아빠와 눈을 마주치지 않으려 애썼지만 단 한번의 눈마주침이 있었다. 나는 울었고 아빠도 우셨다. 모두가 환호했고 아름다웠던 6월의 어느 멋진 날이었다. 시간이 흘러서 버진로드를 걸었던 그 날을 후회하기도 했다. 매년 6월이 되면 마음이 가라앉았다. '언제까지 매년 6월을 이렇게 보내야 하지?' 생각했다. 6월을 한번 잘 보내 보고 싶다는 결심을 했고 이제는 유월이 가장 기다리는 달이 되었다. 내가 '아무튼_유월' 시리즈를 쓰게 된 이유다.

withent77

twinkle_dy님, sk_captainpark님 외 **464명**이 좋아합니다
withent77 오늘 산 꽃들이 다 예쁘지만 이 작약은 정말 세상의 모든 향수 브랜드가 이 향을 담고 싶어 안달날 것 같은 향이라 한참을 코를 박고 계속 킁킁 댔어. 꽃집 사장님한테 여기에 뭐 뿌린거 아니고 원래 이 친구 향이죠? 라고 몇번을 물었봤다. 이런 향이 나는 사람은 지나치면 뒤돌아볼 것 같고 잊지 못할 것 같아.
#아무튼_유월

Withent77 오늘 산 꽃들이 다 예쁘지만 이 작약은 정말 세상의 모든 향수 브랜드가 이 향을 담고 싶어 안달날 것 같은 향이라 한참을 코를 박고 계속 킁킁 댔다. 꽃집 사장님한테 여기에 뭐 뿌린거 아니고 원래 이 친구 향이죠? 라고 몇번을 물어봤다. 이런 향이 나는 사람은 지나치면 뒤돌아볼 것 같고 잊지 못할 것 같아.
#아무튼_유월

조화가 아닌지 의심될 정도로 큰 작약을 만난 날. 꽃 향기가 이렇게까지 진하고 인상적일 수 있구나 했던 날. - 생애 첫 작약 샀던 날.

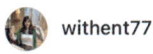 withent77

sk_captainpark님, bora890님 외 **472명**이 좋아합니다
withent77 주말 밤 ebs에서 타이타닉을 방영하길래 몇년만에 봤다. 1998년에 개봉한 영화라는 사실이 무색하게 몇번을 봤지만 다시봐도 너무 슬프고 아름다워서 영화가 끝난 새벽 2시에 한참을 울었다. 회사일이나 다른 사람과 약속된 일을 해야하는 시간을 제외하곤 책을 읽거나 영화를 본다. 다른 삶에 대한 호기심, 다른 세계를 탐험하고 싶은 마음을 가장 쉽고 싸게 경험할 수 있는 방법인 것 같다. 쌩떽쥐베리는 다른 사람의 마음을 발견함으로써 스스로를 넓혀간다고 했다. 6월은 나에겐 가장 큰 기쁨의 달이었고 가장 큰 상실의 달이기도 하다. 슬픔이나 기쁨을 이분법적으로 분리하기는 너무나 어려운 일이다. 쓰고 싶은 글을 아낌 없이 쓰고 다른 사람의 마음을 더 많이 발견하는 시간으로 6월을 채우고 싶다.
#아무튼_유월

Withent7 주말 밤 ebs 에서 타이타닉을 방영하길래 몇년만에 봤다. 1998 년에 개봉한 영화라는 사실이 무색하게 몇번을 봤지만 다시봐도 너무 슬프고 아름다워서 영화가 끝난 새벽 2 시에 한참을 울었다. 회사일이나 다른 사람과 약속된 일을 해야하는 시간을 제외하곤 책을 읽거나 영화를 본다. 다른 삶에 대한 호기심, 다른 세계를 탐험하고 싶은 마음을 가장 쉽고 싸게 경험할 수 있는 방법인 것 같다. 쌩떽쥐베리는 다른 사람의 마음을 발견함으로써 스스로를 넓혀간다고 했다. 6 월은 나에겐 가장 큰 기쁨의 달이었고 가장 큰 상실의 달이기도 하다. 슬픔이나 기쁨을 이분법적으로 분리하기는 너무나 어려운 일이다. 쓰고 싶은 글을 아낌 없이 쓰고 다른 사람의 마음을 더 많이 발견하는 시간으로 6 월을 채우고 싶다.
#아무튼_유월

사실 나는 영화관에 자주 가지 않는다. 갑자기 불이 나서 천장이 주저앉기라도 하면. 어둡고 좁은 계단을 따라 출구에 인파가 몰리면 어쩌나 하는 일어난 적 없는 상상을 자주 한다(이상한 사람처럼 보일까 봐 말한 적이 거의 없는, 내가 극장에 잘 가지 않는 이유). 그래서 나는 집에서 영화 보는 걸 좋아한다.

 withent77

twinkle_dy님, nohseongcheol님 외 **542명**이 좋아합니다
withent77 비틀즈를 믿는다는 건 사랑을 믿는다는 것과 같다. 사랑한다 좋아한다는 말보다 우위에 있는 말은 보고싶다는 말일거다. 모처럼 혼자인 주말, 소파와 한몸으로 하루를 보내고 싶지 않아서 머리카락도 꼬부리고 화장도 했다. 새벽부터 부지런히 집안일을 마쳐놓고는 책을 실컷 읽었다. 드라이브도 하고 쇼핑도 하고 커피를 마셨다. 혼자인 시간을 가득 채워 보내고 나니 보고 싶은 얼굴이 떠오른다. 외로움에는 오래전부터 익숙해져 있었지만 그 외로움이 스스로를 짓누르지 않는 사람, 혼자여도 함께여도 빛날 수 있는 사람.
#아무튼_유월

Withent77 비틀즈를 믿는다는 건 사랑을 믿는 것과 같다. 사랑한다 좋아한다는 말보다 우위에 있는 말은 보고싶다는 말일거다. 모처럼 혼자인 주말, 소파와 한 몸으로 하루를 보내고 싶지 않아서 머리카락도 꼬부리고 화장도 했다. 새벽부터 부지런히 집안일을 마쳐 놓고는 책을 실컷 읽었다. 드라이브도 하고 쇼핑도 하고 커피를 마셨다. 혼자인 시간을 가득 채워 보내고 나니 보고 싶은 얼굴이 떠오른다. 외로움에는 오래전부터 익숙해져 있었지만 그 외로움이 스스로를 짓누르지 않는 사람, 혼자여도 함께여도 빛날 수 있는 사람.
#아무튼_유월

나는 지금도 사랑한다, 좋아한다는 말보다 보고 싶다는 말에 더 움직이는 것 같다. 한참 싸우고 꼴도 보기 싫은 남자친구가 갑자기 "사랑해."라고 하면 미친 놈 아닌가 싶을 텐데. "보고싶어."라고 하면 잔뜩 성나 있던 마음이 스르르 사라지고 웃음이 난다. 그러니까 '사랑해'보다 강력한 건 '보고싶다'.

사랑에 대하여

철옹성 같은 내 세계를 무너뜨리는 건 언제나 사랑이었다.
나는 사랑에 졌다.

 withent77

♡ 💬 ✈ 🔖

ziz0210님 외 **473명**이 좋아합니다
withent77 어릴적 아마도 우리집 형편은 넉넉하지 못했던 것 같다. 시골 학교 선생님(아빠) 월급이야 뻔하고 그걸로 가족 넷이 살았으니 알뜰한 엄마가 아니었더라면 어쩌면 가난에 가까웠을거다. 오빠와 나 둘 모두를 학비가 비싸기로 유명한 사립대를 보냈고 어린 시절부터 졸업할때까지 나의 부모는 한번도 가난에 가깝게 나를 키운 적이 없고 오히려 그 반대의 경험을 많이 하게 해줬다. 이들의 사랑 덕분에 넓은 세상과 많은 사람들을 만났다. 오늘처럼 마음이 가난한 날엔 혼자 사우나에 갔다가 바나나우유를 마시며 이 사랑에 대해 생각한다.

Withent77 어릴적 아마도 우리집 형편은 넉넉하지 못했던 것 같다. 시골 학교 선생님(아빠) 월급이야 뻔하고 그걸로 가족 넷이 살았으니 알뜰한 엄마가 아니었더라면 어쩌면 가난에 가까웠을거다. 오빠와 나 둘 모두를 학비가 비싸기로 유명한 사립대를 보냈고 어린시절부터 졸업할 때까지 나의 부모는 나를 한번도 가난에 가깝게 나는 키운 적이 없고 오히려 그 반대의 경험을 많이 하게 해줬다. 이들의 사랑 덕분에 넓은 세상과 많은 사람들을 만났다. 오늘처럼 마음이 가난한 날에는 혼자 사우나에 갔다가 바나나우유를 마시며 이 사랑에 대해 생각한다.

내 유년기와 청소년기를 부유하게 보내게 해 준 것은 오직 부모의 사랑 덕분이었던 것 같다. 나도 가끔, 아니 자주 잊고 사는데 이 페이지 모서리를 접어두고 마음이 가난한 날에 펼쳐 읽어야겠다.

 withent77

👥 **chorong_lee_**님 외 여러 명이 좋아합니다

withent77 주말에는 어슬렁거리면서 동네 여기 저기를 기웃거리고 걷는다. 사실 내가 요즘 제일 좋아하는 시간은 주말에 빨래방에 가는 시간. 500원짜리를 잔뜩 바꿔서 딸깍딸깍 넣고는 여름이고 겨울이고 메인 이불 안에 살에 부비고 자는 최애 이불을 돌리고 멍하니 앉아있는 시간이 좋다. 아무 생각 없이 빨래방 건조기가 돌아가는 걸 보고 있으면 대부분의 근심은 별거 아닌 일이 된다.

비가 오면 잠시 피해갈 처마 같은 곳. 지렁이, 새나 고양이 수준의 숨어 있을 만한 작은 공간을 마이크로 하비타트 라고 부르댄다. 장소만이 마이크로 하비타트가 되는게 아니라 인간 한명이 다른 인간에게 비오면 쉬어가는 처마 같은 존재가 될 수 있다는 말. 누군가에게 마이크로 하비타트가 될 수 있고 그것을 가능하게 하는건 결국 사랑이라는 문장을 읽으면서 내가 되고 싶은 것은 전문가라기보다는 사랑하는 사람이라는 걸 확신했다. 누군가 잠시 쉬어갈 빨래방, 소금빵, 커피 한잔, 글 같은 존재. 생각만 해도 근사하다.

Withent77 주말에는 어슬렁거리면서 동네 여기저기를 기웃거리고 걷는다. 사실 내가 요즘 제일 좋아하는 시간은 주말에 빨래방에 가는 시간. 500원짜리를 잔뜩 바꿔서 딸깍딸깍 넣고는 여름이고 겨울이고 매일 살을 부비고 자는 '최애 이불'을 돌리고 멍하니 앉아있는 시간이 좋다. 아무 생각 없이 빨래방 건조기가 돌아가는 걸 보고 있으면 대부분의 근심은 별 것 아닌 일이 된다.
비가 오면 잠시 피해갈 처마 같은 곳. 지렁이, 새나 고양이 수준의 숨어 있을 만한 작은 공감을 마이크로 하비타트 라고 부른댄다. 장소만이 마이크로 하비타트가 되는 게 아니라 인간 한명이 다른 인간에게, 비가 오면 쉬어가는 처마 같은 존재가 될 수 있다는 말.

누군가에게 마이크로 하비타트가 될 수 있고 그것을 가능하게 하는 것은 결국 사랑이라는 문장을 읽으면서 내가 되고 싶은 것은 어떤 '전문가'라기 보다는 '사랑하는 사람'이라는 것을 확신했다. 누군가 잠시 쉬어 갈 빨래방, 맛있는 소금빵, 커피 한잔, 위로가 되는 글이 되고 싶다. 생각만 해도 근사하다.

　이혼을 하고 살던 집을 정리하면서 잠시 오피스텔로 집을 옮긴 적이 있다.
전에 살던 집보다 좁기도 했고 가전제품을 모두 정리한터라 집에 건조기가 없었다. 주말이면 빨래를 들고 동네 빨래방에 갔다. 처음엔 괜히 머쓱하고 주변 눈치가 보였는데 차츰 빨래방 생활에 익숙해져서 주말이 기다려졌다. 텅텅텅 빨래가 돌아가는 소리를 들으며 건조기 앞에 앉아 있으면 세상 근심도 돌아가는 건조기에서 물기가 빠지고 가벼워지는 것 같았다. 어떤 글을 쓰고 싶은지 그때 가장 많이 생각한 것 같다. 잠시 비를 피해 몸을 숨기고 있는 나와 같은 처지의 사람들을 향한 글이면 좋겠다고 생각했다. 비를 피해 쉬어 갈 처마 같은 글을 쓰는 사람이 되고 싶다고. 그 때의 내 처지는 초라했지만 내 마음은 결코 초라하지 않았던 것 같다.

withent77

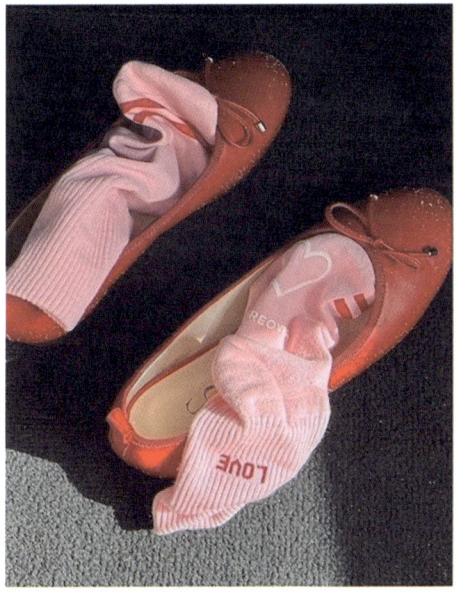

moonimo_ony_님 외 **421명**이 좋아합니다
withent77 <왜 양말이었을까>

양말을 좋아해요. 예쁜 양말이 있으면 모조리 사봐야 직성이 풀리고 평소에도 운동할 때도 예쁘고 편안한 양말 신는 것을 좋아하는 양말에 진심인 사람입니다. 양말을 좋아하는 양말덕후기도 하지만 사실 전 양말하면 무조건 떠오르는 양말 상자가 있어요. 제 어릴 적 추억 들어보실래요.

요즘은 청탁의 의미가 될 수도 있기에 선물을 드리거나 하는 문화가 많이 사라졌지만, 제가 아주 어릴때 스승의 날에는 꼭 선생님께 카네이션을 드리거나 카드나 작은 선물을 드렸던 것 같아요. 스승의 날이면 저희집엔 엄청난 양의 양말 박스가 집에 쌓였어요. 아빠가 학교 선생님이셨거든요. 가격도 부담스럽지 않고 언제든지 신을 수 있는 양말이 선물로 제격이었던 걸까요. BYC 양말 상자에 들어있던 신사양말. 안방 장롱 문을 열면 윗선반에 빼곡하게 쌓여있던 양말 상자들이 가득한 장면이 늘 생각나요. 새 양말이 그렇게 많으니 헤프게 꺼내 신으실 법도 한데 부모님은 양말 한컬레도 허투로 쓰지 않는 검소한 분들이었어요. 그래서 매해 스승의 날이 거듭될수록 아빠의 양말 상자가 쌓여가던 장롱이 아직도 생생합니다. 어릴적 그 BYC양말로 주고받던 소박하고 따순 마음처럼 양말 선물은 부담 없이 애정을 표현할 수 있는 귀여운 증표같아요.

양말은 누구나 신잖아요. 요즘 저는 사소한 즐거움을 수집하는 재미에 빠져있어요. 우리를 울게하고 웃게하는 것들이 결국 작은 것들이고, 사소한 즐거움이 이 우주 속 먼지같은 하루하루를 살아갈 힘을 준다고 믿거든요. 모얼오버의 양말 그리고 앞으로 보여드릴 사소하지만 꼭 필요한 아이템들을 유쾌한 마음으로 일상 속에서 필드 위에서 즐겨주셨으면 합니다.

정성들여 웹사이트를 재정비 했습니다. 'More Value Over the Boundary - 경계를 넘어서는 가치를 더하다' 라는 슬로건으로 우리의 삶을 깊이 들여다 보고 사소한 즐거움을 발견하고 또 만들어 내겠습니다. 작지만 편안한 즐거움을 주는 제품과 이야기를 모얼오버에서 만나보실 수 있습니다. 앞으로 모얼오버가 가는 여정을 마중하는 느낌으로 새단장한 저희 사이트에 한번씩 들러주시면 더 없이 기쁠 것 같아요. 늘 감사합니다.
#모얼오버 #moreover

Withent77 <왜 양말이었을까>

양말을 좋아해요. 예쁜 양말이 있으면 모조리 사봐야 직성이 풀리고 평소에도 운동할 때도 예쁘고 편한 양말 신는 것을 좋아하는 양말에 진심인 사람입니다. 양말을 좋아하는 양말 덕후이기도 하지만 사실 전 양말 하면 무조건 떠오르는 양말 상자가 있어요. 제 어릴 적 추억 들어 보실래요.

요즘은 청탁의 의미가 될 수도 있기에 선물을 드리거나 하는 문화가 많이 사라졌지만, 제가 아주 어릴 때 스승의 날에는 꼭 선생님께 카네이션을 드리거나 카드, 작은 선물을 드렸던 것 같아요. 스승의 날이면 저희 집에는 엄청난 양의 양말 박스가 쌓였어요. 아빠가 학교 선생님이셨거든요. 가격도 부담스럽지 않고 언제든지 신을 수 있는 양말이 선물로 제격이었던 걸까요. BYC 양말 상자에 들어있던 신사 양말, 안방 장롱 문을 열면 윗선반에 빼곡하게 쌓여있던 양말 상자들이 가득한 장면이 늘 생각나요. 새 양말이 그렇게 많으니 헤프게 꺼내 신으실 법도 한데 부모님은 양말 한켤레도 허투로 쓰지 않는 검소한 분들이었어요. 그래서 매해 스승의 날이 거듭될수록 아빠의 양말 상자가 쌓여가던 장롱이 아직도 생생합니다. 어릴적 그 BYC 양말로 주고 받던 소박하고 따뜻한 마음처럼 양말은 선물은 부담 없이 애정을 표현할 수 있는 귀여운 증표 같아요.

양말은 누구나 신잖아요. 요즘 저는 사소한 즐거움을 수집하는 재미에 빠져 있어요. 우리를 울게 하고 웃게 하는 것들이 결국 작은 것들이고, 그 사소한 즐거움이 이 우주 속 먼지 같은 하루하루를 살아갈 힘을 준다고 믿거든요. 모얼오버의 양말 그리고 앞으로 보여드릴 사소하지만 꼭 필요한 아이템들을 유쾌한 마음으로 일상 속에서 필드 위에서 즐겨주셨으면 합니다.

정성들여 웹사이트를 재정비했습니다. 'More Value Over the Boundary' – 경계를 넘어서는 가치를 더하다' 라는 슬로건으로 우리의 삶을 깊이 들여다보고 사소한 즐거움을 발견하고 또 만들어가겠습니다. 작지만 편안한 즐거움을 주는 제품과 이야기를 모얼오버에서 만나 보실

수 있습니다. 앞으로 모얼오버가 가는 여정을 마중하는 느낌으로 새단장한 저희 사이트에 한번씩 들러주시면 더없이 기쁠 것 같아요. 늘 감사합니다.
#모얼오버 #moreover

지금도 시골집 장롱에는 수십 년이 된 아직 꺼내지 않은 새 양말들이 있다. 어쩌면 아빠는 그 양말들을 영영 꺼내지 않을지도 모른다. 아빠는 그 사랑의 증표들을 오래도록 간직하고 싶은 것인지도 모르겠다. 낡고 오래된 상자 속 산뜻하고 깨끗한 사랑.

withent77

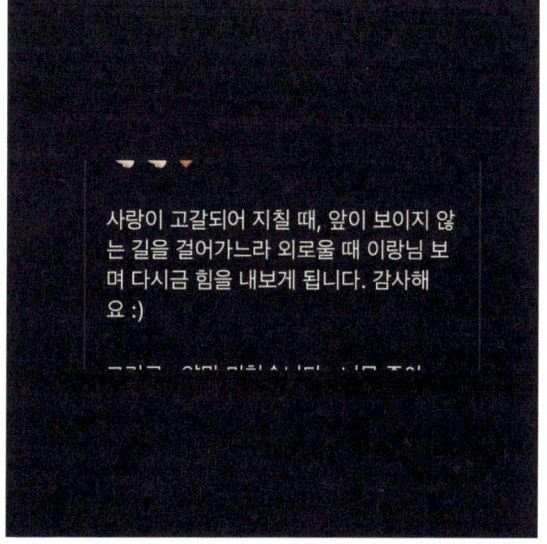

사랑이 고갈되어 지칠 때, 앞이 보이지 않는 길을 걸어가느라 외로울 때 이랑님 보며 다시금 힘을 내보게 됩니다. 감사해요 :)

mmmmmmjung님 외 **387명**이 좋아합니다
withent77 누군가 나의 직업에 대해 물으면 한 문장으로 설명하시 못하는 내 인생이 니무 난해히고 핑계 같다는 생각을 자주 해왔다. 듣기도 말하기도 가장 부끄러운 말은 인플루언서. 내가 감히 누구에게 영향을 끼칠 수 있는 사람인가. 신발이 들어가지 않을 정도로 부은 발 그리고 무겁게 젖은 다리로 터덜터덜 집으로 향하는 오늘 같은 밤엔 자책이 더 깊다. 그러다 읽게된 어떤 분의 꾹꾹 눌러 쓴 편지 같은 장문의 디엠. 실제로 본 적도 없는 나더러 고맙다고 하니 정말 그런 인사를 받아도 되는 사람, 누군가의 하루 끝에 위로가 되는 사람이 되고 싶다는 열망이 마구 솟는다.
#새벽한시 #이제자자

Withent77 누군가 나의 직업에 대해 물으면 한 문장으로 설명하지 못하는 내 인생이 너무 난해하고 핑계 같다는 생각을 자주 했다. 듣기도 말하기도 가장 부끄러운 말은 인플루언서. 내가 감히 누구에게 영향을 끼칠 수 있는 사람인가. 신발이 들어가지 않을 정도로 부은 발 그리고 무겁게 젖은 다리로 터덜터덜 집으로 향하는 오늘 같은 밤에는 자책이 더 깊다. 그러다 알게 된 어떤 분의 꾹꾹 눌러 쓴 편지 같은 장문의 디엠. 실제로 본 적도 없는 나더러 고맙다고 하니 정말 그런 인사를 받아도 되는 사람, 누군가의 하루 끝에 위로가 되는 사람이 되고 싶다는 열망이 마구 솟는다.

"인플루언서(Influencer)".

영향을 주는 사람, 영향력 있는 사람.

사랑이 고갈되어 지칠 때, 앞이 보이지 않는 길을 걸어가느라 외로울 때 내가 누군가에게 힘을 줄 수 있다면, 감히 그 '인플루언서' 오래도록 잘 하고 싶다.

 withent77

 hans_mansion님 외 **492명**이 좋아합니다

withent77 유퀴즈에 나온 류승범씨가 자기 가족에 대해 말하면서 자기 아내를 "나의 사랑이자 스승" 이라고 했다. 사랑이고 인생의 스승이라니. 나는 이 근사한 말을 다이어리에 크게 적어 놓았다. 가정의 달이라고들 하는 5월은 나에게 약간의 체기처럼 남아있는 달이었다. 괜찮지 않은 것을 괜찮아 해야하는 순간들도 많았다. 그럴 땐 그저 씩씩함으로 이를 악물었는데 최근 생각이 달라졌다. 내가 숨기고 싶던 모습까지 이미 눈치채고 기꺼이 사랑하겠다고 해주는 사람들에게 나의 허점과 약점을 더 많이 들킬 거고 더 거침 없이 사람들 속으로 갈거다. 편견과 오해는 더 이상 두렵지 않고 아무튼 유월이 오고 있다. 아무렴 괜찮고 말고!

Withent77 유퀴즈에 나온 류승범씨가 자기 가족에 대해 말하면서 자기 아내를 "나의 사랑이자 스승" 이라고 했다. 사랑이고 인생의 스승이라니. 나는 이 근사한 말을 다이어리에 크게 적어 놓았다. 가정의 달이라고들 하는 5월은 나에게 약간의 체기처럼 남아있는 달이었다. 괜찮지 않은 것을 괜찮아 해야하는 순간들도 많았다. 그럴 때 그저 씩씩함으로 이를 악물었는데 최근 생각이 달라졌다. 내가 숨기고 싶던 모습까지 이미 눈치채고 기꺼이 사랑하겠다고 해주는 사람들에게 나의 허점과 약점을 더 많이 들키고 더 거침 없이 사람들 속으로 갈테다. 편견과 오해는 더 이상 두렵지 않고 아무튼 유월이 오고 있다. 아무렴 괜찮고 말고!

나의 이상형을 새롭게 정의해 보겠다.
"나의 사랑이자 스승"

 **withent77**
JUE l 쥬에

withent77 십년 뒤에 대해 이야기 하다보니 그 땐 내 나이 50이라니. 절대 오지 않을 것 같은 나이인데 먼 미래는 아니구나 싶었다. 웃으면 더 튀어나오는 광대 주름지는 눈가 콧잔등 여기 저기. 바꿀 수 없는 것들과 잘 늙어가고 싶다. 한 살이라도 젊을 때 말고 한 달이라도 젊을 때 더 많이 사랑하면서.

Withent77 십년 뒤에 대해. 이야기 하다보니 그 땐 내 나이 50이라니. 절대 오지 않을 것 같은 나이인데 먼 미래는 아니구나 싶었다. 웃으면 더 튀어나는 광대, 주름지는 눈가 콧잔등 여기저기, 바꿀 수 없는 것들과 더 잘 늙어가고 싶다. 한 살이라도 젊을 때 말고 한 달이라도 젊을 때 더 많이 사랑하면서.

휴대폰은 동기화 또는 클라우드에 저장해 놓지 않은 사진들을 가차 없이 날려버리곤 한다(기기의 저장 능력을 넘어서는 엄청난 사진들에 못이겨). 그래서 어떤 때는 사진첩보다도 인스타그램에 내가 올렸던 피드를 뒤져 보는 것이 더 추억여행이 되기도 한다. 나의 지난 얼굴 나의 지난 생각들을 담아줘서 고마운 존재. 남에게 보이기 전에 나에게 남기는 나의 기록들.

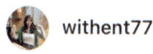 withent77

udow_n님 외 여러 명이 좋아합니다

withent77 가끔씩 저의 글이나 문장에 작은 위로를 받는다는 디엠 주시는 분을 만나는데요. 제가 쓰는 이야기 우리가 만드는 제품들이 작은 미소 작은 위로가 된다고 생각하니 저의 우주가 꽉찬 느낌이 들어요. 인생의 어느 시점으로 돌아가서 나를 위로해 주고 싶은 순간이 있는데 모른척 묻어두고 지나쳤던 순간을 한번씩 만나거든요. 그때 해주고 싶은 말은 단 하나, 사랑. 오늘도 내일도 더 사랑할겁니다. MORE LOVE.

Withent77 가끔씩 저의 글이나 문장에 작은 위로를 받는다는 디엠을 주시는 분들이 계신데요. 제가 쓰는 이야기, 우리가 만드는 제품들이 작은 미소 작은 위로가 된다고 생각하니 저의 우주가 꽉 찬 느낌이 들어요. 인생의 어느 시점으로 돌아가서 나를 위로해 주고 싶은 순간이 있는데 모른 척 묻어두고 지나쳤던 순간을 한번씩 만나거든요. 그 때 해주고 싶은 말은 단 하나, 사랑, 오늘도 내일도 더 사랑할겁니다. MORE LOVE, LOVE MORE

많을 수록 좋은 것들.

예를 들어 기쁨이나 사랑 이런 것들.

withent77
♪ 짙은 · Feel Alright

chorong_lee_님 외 **530명**이 좋아합니다
withent77 나의 원점. 내가 세상에 실패하고 사랑에 실패했을 때 돌아가면 항상 거기에 있는 내 사랑의 시작점.

Withent77 나의 원점. 내가 세상에 실패하고 사랑에 실패했을 때 돌아가면 항상 거기에 있는 내 사랑의 시작점.

엄마는 내가 말하기 전에 잘 묻지 않는다. 어련히 잘하겠지 하는 믿음일 수도 있고, 얼마나 마음이 아플까 걱정스러워서일 수도 있고. 엄마는 늘 그곳에 있을 뿐이다. 내가 언제든 돌아갈 수 있게. 엄마를 찾을 수 있게. 나의 시작점에 가면 엄마가 항상 거기에 기다리고 있다. 내가 실패해도 다시 사랑할 수 있는 이유.

 withent77

 mmmmmmjung님 외 **462명**이 좋아합니다

withent77 운동 끝나고 나왔는데 자동차 문 손잡이 위에 올려진 바세린. 입술이 다 터져서 바세린 사야겠다 혼잣말처럼 했는데 이게 어떻게 여기에 와있지. 거창한 목표나 대단한 일들에 대해 떠드는 적도 많지만 사실 내가 가장 행복을 느끼는 순간은 하찮고 작은 무언가에 담긴 다정함을 발견했을 때. 작고 시시한 것들이 주는 돈으로 살 수 없는 행복. 이걸 발견하고 나의 언어로 기록하는걸 멈추지 않을거야.

Withent77 운동 끝나고 나왔는데 자동차 문 손잡이 위에 올려진 바세린. 입술이 다 터져서 바세린 사야겠다 혼잣말처럼 했는데 이게 어떻게 여기에 와있지. 거창한 목표나 대단한 일들에 대해 떠드는 적도 많지만 사실 내가 가장 행복을 느끼는 순간은 하찮고 작은 무언가에 담긴 다정함을 발견했을 때. 작고 사소한 것들이 주는, 돈으로 살 수 없는 행복. 이걸 발견하고 나의 언어로 기록하는 걸 멈추지 않을거야.

사랑은 아주 작고 사소한 곳에서 드러난다. 사소함에서 나는 사랑을 그리고 당신을 느낀다. 보이지 않는 곳에서의 작은 행동들이 나에게는 아주 큰 마음으로 전해진다. 늘 마음을 전하는 일은 어렵지만 작은 팔랑거림과 다정한 마음은 받는 이에겐 큰 마음으로 일렁이게 되는 것 같다. 나도 전하고 싶은 마음은 더 전하고 싶다. 표현하지 않은 마음은 어디에도 닿을 수 없으니까.

withent77

ziz0210님 외 **390명**이 좋아합니다

withent77 관심을 가지면 보인다. 잘 보인다. 예를 들어 머리 바꿔야지 하고 마음 먹으면 지나가는 사람들의 헤어스타일만 보인다. 어떤 자동차를 사고 싶다 생각하면 신기할 정도로 도로 위에 그 차만 다니는 것 같다. 사람도 마찬가지. 관심을 가지면 잘 보인다. 그 사람의 옆 얼굴, 작은 점의 위치, 피곤한 낯빛, 자주하는 행동 같은 사소한 것까지 모두.

믿음을 가지면 보이지 않는다. 예를 들어 내가 해봐서 다 알아 라고 생각하고 스스로 알고 있다 확신하면 자기 경험만이 답이라고 생각하게 된다. 그래서 잘 보이지 않는다. 심지어 잘 들리지도 않는다. 알려고도 하지 않는다. 남도 나 같을 것이다 는 강력한 믿음을 가진 사람은 다양성을 존중하지도 않을 뿐더러 다 자기 같을거라는 성급한 일반화의 오류를 자주 범할 가능성이 크다. 절대 남은 나 같지 않다. 그리고 당신이 아는 그게 절대 다일리 없다.

그래서 '내가 해봐서 아는데' 라는 이 믿음을 경계하고 다른 사람, 나만의 세상 말고 다른 세상에 관심을 가져야 잘 볼 수 있다. 뭐든 잘 하려면 일단 잘 보는데서 시작해야 한다. 일이든 사랑이든 뭐든.

다른 사람, 다른 세상에 관심을 가질 수 있는 가장 빠르고 쉬운 방법은 책을 읽는거다. 뭔가 세상의 정답 같은게 있어서 어떤 멋진 문장 한줄을 발췌해서 써먹으려고 읽는게 아니라, 다른 사람은 어떻게 생각하고 내가 살아보지 못한 다른 세계에선 어떤 일들이 일어나는지 볼 수 있다. 그래서 남 만날 시간이 없거나 여유가 없거나 혹은 용기가 없다면 책을 읽는건 아주 괜찮은 방법일 것이다.

홍진경언니가 인생은 매 순간 선택의 연속인데, 책을 읽고 사유를 깊게 하면 더 나은 선택을 할 수 있다고 믿는다는 말을 했다. 그래서 책을 읽어야 한다고 했는데 나는 그 말을 한 홍진경 언니는 책을 많이 읽었거나 다른 사람과 다른 세상에 관심이 많은 사람이라고 확신했다. 그래서 나는 오늘도 와인을 홀짝이며 책을 읽는다.
#글

Withent77 관심을 가지면 보인다. 잘 보인다. 예를 들어 머리를 바꿔야지 하고 마음 먹으면 지나가는 사람들의 헤어스타일만 보인다. 어떤 자동차를 사고 싶다 생각하면 신기할 정도로 도로 위에 그 차만 다니는 것 같다. 관심을 가지면 잘 보인다. 그 사람의 옆 얼굴, 작은 점의 위치, 피곤한 낯빛, 자주하는 행동 같은 사소한 것까지 모두.
믿음을 가지면 보이지 않는다. 예를 들어 내가 해봐서 다 알아 라고 생각하고 스스로 알고 있다고 확인하면 자기 경험만이 답이라고 생각하게 된다.

그래서 잘 보이지 않는다. 심지어 잘 들리지도 않는다. 알려고도 하지 않는다. 남도 나 같을 것이다 라는 강력한 믿음을 가진 사람은 다양성을 존중하지도 않을 뿐더러 다 본인과 같을 것이라는 성급한 일반화의 오류를 자주 범할 가능성이 크다. 절대 남은 나 같지 않다. 그리고 당신이 아는 그게 절대 다 일리 없다.

그래서 '내가 해봐서 아는데'라는 이 믿음을 경계하고 다른 사람, 나만의 세상 말고 다른 세상에 관심을 가져가 잘 볼 수 있다. 뭐든 잘 하려면 일단 잘 보는 데서 시작해야 한다. 일이든 사랑이든 뭐든.

다른 사람, 다른 세상에 관심을 가질 수 있는 가장 빠르고 쉬운 방법은 책을 읽는 것인다. 정해진 정답 같은 것이 있어서 혹은 어떤 멋진 문장 한 줄을 발췌해서 써먹으려고가 아니다. 다른 사람은 어떻게 생각하고 내가 살아보지 못한 다른 세계에서는 어떤 일들이 일어나는지 알 수 있고 생각할 수 있다. 그래서 남 만날 시간이 없거나 여유가 없거나 혹은 용기가 없다면 책을 읽는 것은 아주 괜찮은 방법일 것이다.

홍진경 언니가 인생은 매 순간 선택의 연속인데, 책을 읽고 사유를 깊게 하면 더 나은 선택을 할 수 있다고 믿는다고 했다. 그렇기에 책을 읽어야 한다고 말한 홍진경 언니는 책을 많이 읽었거나 다른 사람과 다른 세상에 관심이 많은 사람이라고 확신했다. 그래서 나는 오늘도 와인을 홀짝이면서 책을 읽는다.

무언가를 사랑하고 더 깊이 알게 되면 점령하고 싶어진다. 내가 완벽하게 많이 안다고 생각하는 지점에서 눈이 멀기도 한다. 내가 이 사람을 사랑한다고 해서 이 사람의 모든 걸 안다는 착각을 하는 순간 관계의 균형은 깨지기 시작한다. 깊이 알지만 내가 다 모를 수 있다는 겸손의 마음, 너무 사랑하지만 가끔은 멀리서 지켜봐 줄 수도 있는 마음, 이런 것들을 내가 오래전에 알았더라면 난 사랑에 실패하지 않았을까?

withent77
Mosu Seoul

silvermikim님 외 **468명**이 좋아합니다
withent77 나는 비 오는 날이 좋다. 잘 우는 사람을 좋아하는 것과 비슷하다. 우는 것만큼 솔직한게 없으니까. 맑던 하늘도 어느 날엔 참지 못하고 울음을 터트리듯 비를 흘리는 날이 있다. 그래서일까 비 오는 날은 맑은 날 미처 하지 못한 이야기를 더 듣고 싶고 눈물로 얼룩진 얼굴을 더 하염없이 보고싶다.
#와인 #임이랑맛집

Withent77 나는 비 오는 날이 좋다. 잘 우는 사람을 좋아하는 것과 비슷하다. 우는 것만큼 솔직한 게 없으니까. 맑던 하늘도 어느 날에는 참지 못하고 울음을 터트리듯 비를 쏟아내는 날이 있다. 그래서일까 비 오는 날은 맑은 날 미처 하지 못한 이야기를 더 듣고 싶고 눈물로 얼룩진 얼굴을 더 하염없이 보고싶다.
#와인 #임이랑맛집

나는 잘 우는 사람이 좋다.
눈물에는 거짓이 담길 틈이 없다.
당신이 처음 울던 날, 나는 당신을 사랑하게 된 것 같다.

 withent77
🎵 잔나비 · 가을밤에 든 생각

 chorong_lee_님 외 **441명**이 좋아합니다
withent77 다정한 마음은 줘 본 사람만 안다. 다정한 마음을 받아본 적이 없는 사람은 쓸데 없는 것 또는 없어도 살 수 있는 것이라고 생각한다. 당신을 떠올리고 그 마음을 글자로 목소리로 눈빛으로 무엇으로든 건네 본 사람만 안다. 그 건네는 마음을 알아주는 사람이어야 나를 알아 줄 수 있다. 작은 마음을 주고 받을 줄 아는 사람은 작은 일에도 고마움을 느끼고 그런 사람에게는 큰 마음도 아깝지 않지. 나의 다정함을 알아주는 사람과 함께 하자.
#다정한사람이좋아 #집으로가는길

Withent77 다정한 마음은 줘 본 사람만 안다. 다정한 마음을 받아본 적이 없는 사람은 그것을 쓸데 없는 것 또는 없어도 살 수 있는 것이라 생각한다. 당신을 떠올리고 그 마음을 글자로 목소리로 눈빛으로 그 무엇으로든 건네 본 사람만 안다. 그 건네는 마음을 알아주는 사람이어야 나를 알아 줄 수 있다. 작은 마음을 주고 받을 줄 아는 사람은 작은 일에도 고마움을 느끼고 그런 사람에게는 큰 마음도 아깝지 않지. 나의 다정함을 알아주는 사람과 함께하자.
#다정한사람이좋아 #집으로가는길

 그는 위로를 받아본 적도 필요도 없다고 했다. 어떻게 그럴 수 있냐고 했더니 왜 남에게 위로를 구해야 하는 거냐고 되물었다. 오래도록 침묵이 흘렀다. 위로도 받아본 사람이 누군가를 위로할 수 있구나 그때 알았다. 다정한 마음도 사랑도 마찬가지다. 받아본 적 없이 주기는 어렵다는 걸. 미안하지만 난 다정한 마음 없이는 살 수 없어.

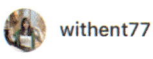 withent77

moonimo_ony_님 외 **571명**이 좋아합니다
withent77 나는 파리에 가고 싶다고 노래를 부르는데 프랑스에서 온 소믈리에 야니스씨는 한국에 온지 너무 오래되서 불어는 거의 잊었다고 한국이 좋다고(정확히는 한국의 그녀였지만) 너스레를 떨었다. 사랑이 있는 곳이 가장 좋은 곳이구나. 그렇다면 내가 파리를 최고라고 치켜세울 필요가 없네. 2016 빈티지는 언제나 최고이고 오늘의 온도 습도 모든게 좋았다 비와 당신까지.
#임이랑맛집

Withent77 나는 파리에 가고 싶다고 노래를 부르는데 프랑스에서 온 소믈리에 야니스씨는 한국에 온지 너무 오래 되어서 프랑스어는 거의 잊었다며 한국이 좋다고(정확히는 한국의 그녀였지만) 너스레를 떨었다. 사랑이 있는 곳이 가장 좋은 곳이구나. 그렇다면 내가 파리를 최고라고 치켜세울 필요가 없네. 2016 빈티지는 언제나 최고이고 오늘의 온도 습도 모든 게 좋았다 비와 당신까지. #임이랑맛집

사랑은 언제나 그곳에
우리가 가야 하는 곳
Love is always part of me.
                   - 이소라의 Track 3 중에서

withent77

ziz0210님 외 **403명**이 좋아합니다

withent77 세상의 모든 것을 모방하고 위조할 수 있지만 사랑만은 그럴 수 없다고 했다. 사랑은 훔칠 수도 모방할 수도 없다. 사랑은 자신을 온전히 내줄 줄 아는 마음속에만 있기 때문이고 이것이 모든 예술의 원천이다.

향수가 알러지의 원인이라고 어떤 의사도 말해 준 적이 없었지만 되도록 모든 걸 덜어보려 몇개월간 무향의 인간으로 지냈다. 알러지가 덜 일어나는 건 맞을 지 몰라도 나만의 향이 없는 사람이란건 정말이지 색이 없는 사람 같았달까. 오랜만에 새로운 향수를 샀다. 내가 쓰는 바디크림과 너무 잘 어울리는 것 같아서 하루종일 킁킁댔다. 사랑이 원천인 풀향이 나는 사람. 새롭게 시작할 수 있지 무엇이든.

Withent77 세상의 모든 것을 모방하고 위조할 수 있지만 사랑만은 그럴 수 없다고 했다. 사랑은 훔칠 수도 모방할 수도 없다. 사랑은 자신을 온전히 내줄 줄 아는 마음 속에만 있기 때문이고 이것이 모든 예술의 원천이다.

향수가 알러지의 원인이라고 어떤 의사도 말해 준 적이 없었지만 되도록 자극이 될만한 모든 걸 덜어보려고 몇 개월간 무향의 인간으로 지냈다. 알러지가 덜 일어나는 건 맞을 지 몰라도 나만의 향이 없는 사람이라는 것은 정말이지 색이 없는 사람 같았달까. 오랜만에 새로운 향수를 샀다. 내가 쓰는 바디크림과 너무 잘 어울리는 것 같아서 하루종일 킁킁 댔다. 사랑이 원천인 풀향이 나는 사람. 새롭게 시작할 수 있지 무엇이든.

초롱 언니는 항상 나에게 "이랑이는 좋은 냄새가 나더라."라고 해 준다. 나는 이 말이 좋다.

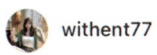 withent77

기부증명서-2022-181

기부증명서

성명(단체명)	주식회사 모얼오버
회원번호	20220100495
기부일자	2022년 12월 30일
기부금	10,000,000원
기부영역	한부모 여성가족 아이돌봄 지원사업 기부

소중한 나눔의 씨앗이
세상을 바꾸는 작은변화를 만들어 가리라 믿습니다.
아름다운재단은 기부자님 마음에 담긴 귀한 뜻을 잘 새겨
투명하고 깨끗하게 운용, 배분하겠습니다.
참 고맙습니다.

2022년 12월 30일

아름다운재단 이사장

 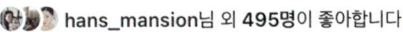
hans_mansion님 외 **495명**이 좋아합니다

hans_mansion님 외 **495명**이 좋아합니다
withent77 안녕하세요. 모얼오버 임이랑입니다. 좋았던 날도 힘들었던 날도 뒤로 하고 올 한 해도 이제 하루 남짓 남았네요. 올 해 초에 가장 우선적으로 하고 싶었던 일로 시작해 한 해의 마무리도 아름다운재단과 함께 할 수 있어서 감사한 마음입니다. 저는 한부모 가장입니다. 이 말을 하기까지도 꽤 오랜 시간이 걸렸습니다. 그런 걸 뭐하러 티를 내냐 굳이 말 안하는게 사업에 도움이 될 것 같다는 이야기를 듣고는 몰래 울면서 집에 온 까만 밤도 있었는데 말이죠. 멈추지 않고 여기까지 올 수 있게 도와주신 마음들 그리고 회사가 잘 될 때나 어려울 때나 사랑해 준 마음들 덕분에 올 해도 잘 지나왔습니다. 저는 내년에도 재밌게 성실히 저답게 살아내겠습니다. 혹시 올 한 해 힘들었던 분들 계시다면 제가 감히 조금 더 힘내보시라고 말하고 싶습니다. 때로는 보이는 게 다이기도 한 세상이지만, 보이는 게 다는 아닙니다. 작은 힘이라 가는데 오래 걸릴 순 있지만 작은 응원을 별빛에 실어 보낼게요. 새해 복 많이 받으세요.
-모얼오버 임이랑 드림

Withent77 안녕하세요. 모얼오버 임이랑입니다. 좋았던 날도 힘들었던 날도 뒤로하고 올 한 해도 이제 하루 남짓 남았네요. 올 해 초에 가장 우선적으로 하고 싶었던 일로 시작해 한 해의 마무리도 아름다운 재단과 함께 할 수 있어서 감사한 마음입니다. 저는 한부모 가정의 가장입니다. 이 말을 하기까지도 꽤 오랜 시간이 걸렸습니다. 그런 걸 뭐 하러 티를 내냐 굳이 말 안 하는 게 사업에 도움이 될 것 같다는 이야기를 듣고는 몰래 울면서 집에 온 까만 밤도 있었는데 말이죠. 멈추지 않고 여기까지 올 수 있게 마음들 그리고 회사가 잘 될 때나 어려울 때나 사랑해 준 마음을 덕분에 올 해도 잘 지나왔습니다. 저는 내년에도 재밌게 성실히 저답게

살아내겠습니다. 혹시 올 한해 힘들었던 분들 계시다면 제가 감히 조금 더 힘내 보시라고 말하고 싶습니다. 때로는 보이는 게 다 이기도 한 세상이지만, 보이는 게 다는 아닙니다. 작은 힘이라 가는데 오래 걸릴 수는 있지만 작은 응원을 별빛에 실어 보낼게요. 새해 복 많이 받으세요.
-모얼오버 임이랑 드림

보여지는 게 전부인 것 같은 세상이라 가끔 속기도 하지만 보이는 게 다는 아닙니다.
저의 소망과 사랑을 작은 별빛에 실어 보내 드립니다.

 withent77

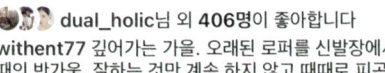 dual_holic님 외 **406명**이 좋아합니다

withent77 깊어가는 가을. 오래된 로퍼를 신발장에서 발견했을 때의 반가움. 잘하는 것만 계속 하지 않고 때때로 피곤하고 종종 실망하는 마음이 들지만 안해 본 것을 하면서 늘어가는 마음의 자세. 힘들때 위로해주는거 말고 좋은 일이 있을 때 자기일처럼 기뻐해주는 더 큰 마음. 오늘 기록하고 싶은 마음들.

Withent77 깊어가는 가을. 오래된 로퍼를 신발장에서 발견했을 때의 반가움. 잘하는 것만 계속하지 않고 때때로 피곤하고 종종 실망하는 마음이 들지만 안 해본 것을 하면서 늘어가는 마음의 자세. 힘들 때 위로해주는 것 말고 좋은 일이 있을 때 자기일처럼 기뻐해주는 더 큰 마음. 오늘 기록하고 싶은 마음들.

철옹성 같은 내 세계를 무너뜨리는 건 언제나 사랑이었다.
나는 사랑에 졌다.

밤을 좋아하는 사람

밤에는 좀 숨이 쉬어진다.
밤의 나는 가장 나답다.

 withent77

hans_mansion님 외 **355명**이 좋아합니다
withent77 밤, 와인, 영화 세가지면 외롭지 않지. 일기장, 튀김우동까지 있으면 세계일주도 가능하고.

Withent77 밤, 와인, 영화 세가지면 외롭지 않지. 일기장, 튀김우동까지 있으면 세계일주도 가능하고.

고요한 밤에 정신이 맑아지는 느낌을 자주 받는다. 나에게 가끔 주어지는 혼자 있는 밤에는 와인을 마시고 영화를 보고 편지를 쓰고 마음껏 그리워하기도 한다. 텅텅 빈 캐리어를 끌고 떠나는 여행을 상상한다. 일기장과 튀김 우동만 있으면 난 어디든 갈 수 있지.

withent77

 chorong_lee_님 외 **401명**이 좋아합니다
withent77 퇴근길 남산은 애틋하다. 성실히 살아내고 최선을 다한 날들의 밤에는 남산 타워 불빛에도 그냥 뭉클하다. 스스로에게 너무 야박하게 굴지도 말고 자아도취 하지도 말고 그냥 하루 잘 살았으면 그걸로 된거다. 삶이 그런거야 뭉클한거.

Withent77 퇴근길 남산은 애틋하다. 성실히 살아내고 최선을 다한 날들의 밤에는 남산 타워 불빛에도 그냥 뭉클하다. 스스로에게 너무 야박하게 굴지도 말고 자아도취 하지도 말고 그냥 하루 잘 살았으면 그걸도 된거다. 삶이 그런거야 뭉클한 거.

인스타그램 사진처럼 매일 신나고 행복한 사람은 없을 거다. 쉽고 안락하기만 한 인생, 매일 활기찬 사람은 없을 거다. 힘들고 고단한 중에 뿌듯하고 좋은 일 작은 한가지라도 있으면 그걸로 또 하루의 위안 삼고 기뻐하는 거다. 남과 비교해 초라해지지도 말고 겉으로 보이는 남의 행복의 크기와 비교하지 말자.

withent77

chorong_lee_님 외 **601명**이 좋아합니다
withent77 매사에 자신감 넘치고 당당한 사람이 울어버리면 앞에 있는 사람은 할말을 잃게 된다. 그래서 누군가를 할 말 잃게 만들지 않으려고 혼자 마신다. 엄마가 오늘 우리딸 목소리 들으려고. 하면서 전화를 걸었는데 우리 엄마 목소리 너무 젊더라. 나는 자타공인 눈물이 많은 사람이고 오늘 날 울린건 동네 포장마차 이모. 밥 안먹었지? 하더니 메뉴에도 없는 김치콩나물국을 준다.

Withent77 매사에 자신감 넘치고 당당한 사람이 울어버리면 앞에 있는 사람은 할 말을 잃게 된다. 그래서 누군가를 할 말 잃게 만들지 않으려고 혼자 마신다. 엄마가 오늘 우리딸 목소리 들으려고. 하면서 전화를 걸었는데 우리 엄마 목소리 너무 젊더라. 나는 자타공인 눈물이 많은 사람이고 오늘 날 울린 건 동네 포장마차 이모. 밥 안먹었지? 하더니 메뉴에도 없는 김치콩나물국을 준다.

평소처럼 부리나케 퇴근해서 테오 저녁을 차려주고 쓰레기 분리수거를 하러 나오는 길에 잠시 집 근처 포장마차에 갔었다. 하루 종일 일에 치이다가 황급히 퇴근해서 집에 왔는데 현관부터 열지 못한 택배상자에 거실은 온갖 장난감으로 난장판, 어제 못한 설거지, 빨래통에 쌓여 있는 빨래를 보면서 나 잘하고 있는 걸까. 언제까지 이렇게 할 수 있을까 하는 마음에 눈물이 덜컥 났다. 집에 곧 올 테오가 배고플까 봐 후다닥 저녁을 차리면서 잠시 눌러 뒀던 눈물이 포차 이모의 김치 콩나물국에 터지고 말았다. 고단함은 소주 한잔에 털고 집에 돌아가는 길에 (울다가) 웃던 기억이 난다. 이제는 추억 속으로 사라진 나의 옥수 포장마차는 두고두고 그리울 것 같다.

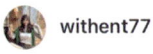 withent77

moonimo_ony_님 외 **477명**이 좋아합니다
withent77 나는 밤을 좋아한다. 늦은 밤에 빨래를 개거나 보릿차를 끓이면서 보내는 시간을 좋아한다. 차분하고 고요하게 가라앉은 나를 마주하는 것도 좋다. 아이폰은 때때로 나의 과거를 보여주고 3년 전의 나는 젊었다. 와인 말고 방금 끓인 보릿차 홀짝이며 지난 일기나 편지 쪼가리를 펼쳐 읽는다. 나는 운명을 동경하고, 운명을 두려워했지만, 운명은 늘 그곳에 있었다. 늘 내 위에 있었다.

Withent77 나는 밤을 좋아한다. 늦은 밤에 빨래를 개거나 보릿차를 끓이면서 보내는 시간을 좋아한다. 차분하고 고요하게 가라앉은 나를 마주하는 것도 좋다. 아이폰은 때때로 나의 과거를 보여주고 3년 전의 나는 아주 젊었다. 와인 말고 방금 끓인 보릿차 홀짝이며 지난 일기나 편지 쪼가리를 펼쳐 읽는다. 나는 운명을 동경하고, 운명을 두려워했지만, 운명은 늘 그곳에 있었다. 늘 내 위에 있었다.

나는 밤을 좋아한다.

고요한 시간 혼자 있는 시간이 좋다. 밤에는 모든 게 쉬어 간다. 낮에 몰아치던 분노나 미움도 채근하던 사람들의 목소리도 결정을 해야 하는 일도 밤에는 모든 게 쉬어 간다. 밤에는 좀 숨이 쉬어진다. 밤의 나는 가장 나답다.

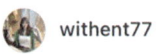 withent77

 udow_n님 외 **403명**이 좋아합니다

withent77 15년 전 쯤 그러니까 내가 20대 중반이고 직장생활을 할 때 당시 회사 대표님이 새해 선물로 전직원에게 책을 사주신다고 했다. 우리 팀에만 100명 정도의 직원이 있었는데 지금 생각해보면 그때 체감한 것보다 훨씬 가치 있고 의미 있는 복지 같다. 갖고 싶은 책을 두 권씩 적어내라고 했는데 나는 서점에서 쉽게 사지 않을 것 같은 두껍고 비싼 책을 사야겠다 싶었다. 그래서 적어냈던 곰브리치의 서양미술사. 그리고는 지금까지 완독한 적은 없고 그냥 책장에 존재하는 가끔 20 페이지 정도 읽어보는 책. 그 곰브리치가 말하길 미술은 존재하지 않는다 미술가는 존재한다고 했다.

헤어질 결심을 보면서 이런 생각을 했다. 이 세상에 사랑은 존재하지 않는다 사랑하는 사람은 존재한다. 라고. 사랑의 모양이나 실체가 무엇이라 정의할 수는 없지만 사랑하는 사람들은 단언컨대 확실히 있다. 그것도 아주 많이. 그래서 보이지도 만져지지도 않는 그 사랑에 이 지구상의 대부분의 사람이 울고 웃고 슬프고 행복해 하는거 아닌가.

해준은 서래에게 한번도 사랑한다고 말한 적이 없는데, 서래의 "당신이 나에게 사랑한다고 말했을 때" 이 대사에서 정말이지 내 심장은 붕괴된 것 같았다. 지난해 수많은 호평과 혹평 속에 그리고 많은 상을 받는 내내 어떤 스포일러도 보지 않고 '언젠가 혼자인 밤 취하지도 외롭지도 졸리지도 않은 밤'에 봐야지 하고 아껴둔 채 반년이 지나서야 마침내 보게된 영화. 아껴두길 잘했다 싶다. 막상 안될 것 같은 걸 사람들이 보통 '결심'을 하게 되는데, 가령 다이어트 할 결심 처럼 말이다. 나도 어려울 걸 알면서 오늘 마침내 결심해 본다. 실체도 없고 보이지도 않는 그런데 지구의 수억만명 어쩌면 모든 인간이 바라거나 믿는 그, 사랑할 결심.
#헤어질결심

Withent77 15년 전 쯤 그러니까 내가 20대 중반이고 직장생활을 할 때, 당시 회사 대표님이 새해 선물로 전직원에게 책을 사주신다고 했다. 우리 팀에만 100명 정도의 직원이 있었는데 지금 생각해보면 그때 당시 내가 체감한 것보다 훨씬 가치 있고 의미 있는 복지 같다. 갖고 싶은 책을 두권씩 적어 내라고 했는데 나는 서점에서 쉽게 사지 않을 것 같은 두껍고 비싼 책을 골랐다. 그래서 적어냈던 곰브리치의 서양 미술사. 그리고는 지금까지 완독한 적은 없고 그냥 책장에 존재하는 책. 가끔 20 페이지 정도 읽어보는 책. 그 곰브리치가 말하길 '미술은 존재하지 않는다 미술가는 존재한다'고 했다.

헤어질 결심을 보면서 이런 생각을 했다. '이 세상에 사랑은 존재하지 않는다 사랑하는 사람은 존재한다' 라고. 사랑의 모양이나 실체가 무엇이라 정의할 수 없지만 사랑하는 사람들은 단언컨대 확실히 있다. 그것도 아주 많이. 그래서 보이지도 만져지지도 않는 그 사랑에 이 지구상의 대부분의 사람들이 울고 웃고 슬프고 행복해하는 것 아닌가.

해준은 서래에게 한번도 사랑한다고 말한 적이 없는데, 서래의 "당신이 나에게 사랑한다고 말했을 때" 이 대사에서 정말이지 내 심장은 붕괴되는 것 같았다. 지난해 수많은 호평과 혹평 속에 그리고 많은 상을 받는 내내 어떤 스포일러도 보지 않고 '언젠가 혼자인 밤 취하지도 외롭지도 졸리지도 않은 밤'에 봐야지 하고 아껴둔 채 반년이 지나서야 마침내 보게 된 영화. 아껴두길 잘했다 싶다. 막상 안될 것 같은 것을 사람들이 보통 '결심'을 하게 되는데, 가령 다이어트를 할 결심 처럼 말이다. 나도 어려울 걸 알면서 오늘 마침내 결심해 본다. 실체도 없고 보이지도 않는 그런데 지구의 수억만명 어쩌면 모든 인간이 바라거나 믿는 그, 사랑할 결심.
#헤어질결심

〈헤어질 결심〉을 보면서 난 사랑할 결심을 했었네. '언젠가 혼자인 밤 취하지도 외롭지도 졸리지도 않은 밤.'

바로 오늘이다.

이 영화를 다시 볼 완벽한 타이밍.

 withent77

     hans_mansion님 외 **473명**이 좋아합니다

withent77 잠이 안와서 계속 본건지 계속 보다보니 잠이 안온건지. 아무튼 며칠 밤을 새우다시피하며 정주행한 사랑의 이해가 끝이 났다. 보는 내내 어떤 순간은 지난 날의 나 같아서 펑펑 울기도 했고 어떤 때는 도무지 이해가 되지 않으라고 만든 장면까지 왜 이해가 되는건지 스스로 의아하기도 했다. 결말이 사랑인지 이별인지 알 수 없고 보는 사람에 따라 해석이 갈리겠지만. 상수와 수영은 결국 사랑을 향해 가고 있는게 아닐까. 아직 돈까스도 안먹잖아.
#사랑의이해

Withent77 잠이 안와서 계속 본건지 계속 보다가 잠이 안 온 건지. 아무튼 며칠 밤을 세우다시피하며 정주행한 '사랑의 이해'가 끝이 났다. 보는 내내 어떤 순간은 지난 날의 나 같아서 펑펑 울기도 했고 어떤 때는 도무지 이해가 되지 않으라고 만든 장면까지 왜 이해가 되는건지 스스로 의아하기도 했다. 결말이 사랑인지 이별인지 알 수 없고 보는 사람에 따라 해석이 갈리겠지만, 상수와 수영은 결국 사랑을 향해 가고 있는 게 아닐까. 아직 돈까스도 안먹었잖아.
#사랑의이해

　한참이 지났지만 다시 생각해도 상수의 사랑도 수영의 사랑도 100% 이해할 수가 없는데, 또 구석구석 아주 이해가 되더라. 다 이해할 수 없는 것이 사랑을 이해하는 것일지도 모르겠다. 돌아보면 나는 나의 사랑에 대해 얼마큼 이해했을까. 실은 다 이해할 수 없는 것이 사랑인데 모두 이해하려고 했던 것이 나의 사랑의 실패 요인은 아니었을까. 어떤 정해진 결말이 있는 것이 아닌데 어떤 결말을 원했던 건 아니었을까. 이 드라마를 보는 내내 나의 사랑에 대해 돌이켜보았다. 답은 찾지 못했다. 답을 알았더라면 난 실패하지 않았겠지. 윽.

withent77

 chorong_lee_님 외 여러 명이 좋아합니다
withent77 "살아남기 위해 전쟁터 병사처럼 싸울 필요는 없지. 오히려 풀밭에서 뛰노는 어린아이 같아야 해."

전사 같은 내 모습에 질려버려 오늘은 투구 벗어놓고 노트를 폈다. 인생을 걸고 좇아가고 있는게 뭐였지. 내 삶이 어떻게 살아지기를 바랐지. 남산타워 불빛이 켜지는 저녁이 빨리 오고 무화과 익는 계절에 하고 싶었던 것, 엉뜨 트는 날씨에 가보고 싶던 곳, 가을 밤에 든 생각을 적었다. 와인을 홀짝이면서. 유튜브 프리미엄에 처음 가입하고 괜히 멜론 플레이리스트를 열어봤다.

노트에 적은 것들이 생각보다 소박했다. 엄마는 내게 언제나 기도하고 사랑하라고 했다. 난 엄마 말대로 살지 않지만 내일 하루는 기도하고 사랑하고싶다.
#가을밤에든생각

Withent77 "살아남기 위해 전쟁터 병사처럼 싸울 필요는 없지. 오히려 풀밭에서 뛰노는 어린아이 같아야 해."

전사 같은 내 모습에 질려버려 오늘은 투구를 벗어놓고 노트를 폈다. 내 인생을 걸고 좇아가고 있는게 뭐였지. 내 삶이 어떻게 살아지기를 바랐지. 남산타워 불빛이 켜지는 저녁이 빨리 오고 무화과 익는 계절에 하고 싶었던 것, 엉뜨 트는 날씨에 가보고 싶던 곳, 가을 밤에 든 생각을 적었다. 와인을 홀짝이면서. 유튜브 프리미엄에 처음 가입하고 괜히 멜론 플레이리스트를 얼어봤다.

노트에 적은 것들이 생각보다 소박했다. 엄마는 내게 언제나 기도하고 사랑하라고 했다. 난 엄마 말대로 살지 않지만 내일 하루는 기도하고 사랑하고 싶다.
#가을밤에든생각

내 사진첩에 가장 많이 찍힌 구조물 혹은 건물은 아마도 남산타워일 것이다. 출퇴근길에 가장 많이 지나치는 남산디워. 소월길의 봄, 여름, 가을, 겨울 풍경에 반해 후암동으로 사무실 둥지를 틀고는 매일 같이 보는 남산 뷰. 사계절 시시각각 달라지는 하늘색 온도 습도에 따른 날마다의 남산 타워는 매일 다른 나의 마음을 닮아 있다.

withent77

 udow_n님 외 **344명이 좋아합니다**

withent77 저기 쪼그려 앉아서 작은 불빛에 의지해 책을 읽으면 좁은 나만의 세계로 들어가는 것 같다. 별거 없이 걷고 읽었고 집밥을 많이 해 먹었다. 이번주에 가장 많이 들은 노래는 Honne의 what would you do - 지구가 일주일 안에 멸망하면 어쩔거냐는 가사의 러브송. 고백을 부추기는 노래. 들어봐.
#주말

Withent77 저기 쪼그려 앉아서 작은 불빛에 의지해 책을 읽으면 좁은 나만의 세계로 들어가는 것 같다. 별 거 없이 걷고 읽었고 집밥을 많이 해 먹었다. 이번주에 가장 많이 들은 노래는 Honne 의 What would you do - 지구가 일주일 안에 멸망하는 어쩔 거냐는 가사의 러브송. 고백을 부추기는 노래다. 들어봐.
#주말

지구가 일주일 안에 멸망하면 뭘 어쩌겠어.
사랑해야지.
후회 없이.

withent77

chorong_lee_님 외 여러 명이 좋아합니다

withent77 나는 해질녘이 좋다. 우리의 낮을 내내 환하고 따뜻하게 해주더니 잘난 체 하는 법 없이 내일을 기약하고는 저편으로 넘어가는 순간이 나는 그렇게 뭉클하더라. 나는 그날 울음을 참지 못했고 이럴때 눈물을 흘리고 마는 약한 내가 싫다고 했더니 너는 우는게 약한건 아니라 했지. 울고 싶을땐 울어요. 내일의 해가 또 따숩게 비춰줄꺼니까. 맹렬히 춥고 또 따뜻했던 오늘.

Withent77 나는 해질녘이 좋다. 우리의 낮을 내내 환하고 따뜻하게 해주더니 잘난 체 하는 법 없이 내일을 기약하고는 저편으로 넘어가는 순간이 나는 그렇게 뭉클하더라. 나는 그날 울음을 참지 못했고 이럴 때 눈물을 흘리고 마는 약한 내가 싫다고 했더니 너는 우는 건 약한 게 아니라고 했지. 울고 싶을 땐 울어요. 내일의 해가 또 따숩게 비춰줄 거니까. 맹렬히 춥고 또 따뜻했던 오늘.

그저 주어진 대로 살아내더니
저편으로 사라져서는
다음 날 아침 다시 떠오른다.

나다움을 유지하려면

화장기도 없고 푸석하게 덜 마른 머리갈이지만 근심도 피로도 없는 나는 예쁘다. 남은 본 적이 없는 나만 아는 순간들에.

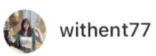 withent77

사우나 하고 바나나우유 마시는 중인데
보는 이도 없고 여기 아무도 없는데
웃긴 이야긴데 나 좀 예쁘다.
혼자 있을 때 몰래 예쁜 편이다.
나만 아는 순간들에.

 dual_holic님 외 여러 명이 좋아합니다

withent77 혼자 사우나를 하고 나와서 바나나우유를 사 먹을 때 길에서 귀여운 아가를 만났을 때 아이디어가 떠올랐다며 호들갑 떨며 메모할 때 잠들기 전 누군가를 그리워 할 때 나는 몰래 예쁘다. 나만 아는 순간들에. 남이 알아 줄 필요도 없고 알아달라고 애쓸 필요가 없다. 내가 알기 때문에. 이걸 아는데 40년 걸렸다.

Withent77 혼자 사우나를 하고 나와서 바나나우유를 사 먹을 때 길에서 귀여운 아가를 만났을 때 아이디어가 떠올랐다며 갑자기 호들갑을 떨며 메모를 할 때 잠들기 전 누군가를 그리워 할 때 나는 몰래 예쁘다. 나만 아는 순간들에. 남이 알아 줄 필요도 없고 알아달라고 애쓸 필요가 없다. 내가 알기 때문에. 이걸 아는데 40년이 걸렸다.

사우나를 하고 나오면 새로운 사람이 된 것 같다. 뜨거운 사우나의 열기로 내 안의 검은 것들을 날려 버리는 느낌이다. 세신 이모님을 잘 만나는 것도 한 몫 한다. 어떤 이모님을 만나느냐에 따라 사우나 만족도의 질이 달라지는데 섬세하고 배려심 깊은 손길은 눈을 감고 있을 때 더 잘 느껴지는 법이다. 사우나가 끝나고 나와서는 바나나우유에 빨대를 꽂아 단숨에 들이킨다. 마치 신생아가 태어나 처음 엄마 젖을 빠는 것처럼 숨도 안 쉬고 대차게. 그리고 집으로 걸어가는 중에 상가 유리에 비친 나를 본다. 예쁘다. 화장기도 없고 푸석하게 덜 마른 머리칼이지만 근심도 피로도 없는 나는 예쁘다. 남은 본 적이 없는 나만 아는 순간들에.

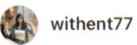 withent77

ziz0210님 외 **415명**이 좋아합니다

withent77 왜 그렇게 열심히 살아? 뭐라고 대답할 지 금방 입이 떨어지지 않았다. 열심히 사는 것 말고 나한테 선택지가 있던가. 위를 바라보면 끝도 없지만 지나온 길을 돌아보며 주어진 하루를 살 뿐이다. 안 해도 되는 건 안하고 안 하면 큰일 나는 건 하면서.

트루먼쇼에서 세상의 끝이 세트장 가짜 바다라는 것을 알기 직전의 트루먼 마음처럼 이 끝에는 뭐가 있을까 혹시 아스팔트 벽이 있는 건 아니겠지 끝없이 의심하며 헤엄치는 법도 모르고 그냥 무작정 바다를 건넜다. 물어볼 곳은 없었고 그냥 어설프게 팔을 휘젓고 빠져 죽지 않으려 다리를 마구 움직였다. 10년을 휘저었더니 배운적은 없는데 수영을 할 줄 알게 됐다.

살아있는 건 좋은 거고 그 자체로 의미 있는거고 아름다운 거다. 엄마가 알면 못먹게 할 사발면은 역시 맛있네. 최선을 다한 하루.

Withent77 왜 그렇게 열심히 살아? 뭐라고 대답할지 금방 입이 떨어지지 않았다. 열심히 사는 것 말고 나에게 선택지가 있던가. 위를 바라보면 끝도 없지만 지나온 길을 돌아보며 주어진 하루를 살 뿐이다. 안 해도 되는 것은 안 하고 안 하면 큰일 나는 것은 하면서.

트루먼 쇼에서 세상의 끝이 세트장의 가짜 바다라는 것을 알기 직전의 트루먼 마음처럼 이 끝에는 뭐가 있을까 혹시 아스팔트 벽이 있는 것은 아니겠지 끝없이 의심하며 헤엄치는 법도 모르고 그냥 무작정 바다를 건넜다. 물어볼 곳은 없었고 그냥 어설프게 팔을 휘젓고 빠져 죽지 않으려 다리를 마구 움직였다. 10년을 휘저었더니 배운 적은 없는데 수영을 할 줄 알게 됐다.

살아있는 것은 좋은 것이고 그 자체로 의미 있는 것이고 아름다운 것이다. 엄마가 알면 못먹게 할 사발면은 역시 맛있네. 최선을 다한 하루.

헤엄치는 법도 모르고 바다를 횡단하더니
어느새 이곳을 표류하고 있네.

유독 고단한 날 퇴근해서는 배고픈지도 모르겠고 그냥 시원한 맥주 그리고 컵라면이 먹고 싶다.
좋은 술 좋은 음식보다 더 위로가 되는 메뉴.

 withent77

withent77 집을 나와 무작정 걸었다. 술에 의존하기도 사람에 의존하기도 사랑에 의존하기도 싫다면 뭘 할까. 걷기랑 읽기. 그래 걷자. 조금 걸었는데 벌써 땀이 난다. 풀냄새 흙냄새 새소리에 위를 쥐어짜던 힘도 좀 느슨해지는 것 같다. '여름은 담대하고 뜨겁고 즉흥적이고 빠르고 그러면서도 느긋하고 너그럽게 나를 지켜봐준다. 그래서 좋다. 마냥 아이 같다가도 결국은 어른스러운 계절.' 여름 같은 사람이 되고 싶다는 작가의 말처럼 나도 여름이 많이 좋다.
#걷기1일차 #아무튼걷고읽기

Withent77 집을 나와 무작정 걸었다. 술에 의존하기도 사람에 의존하기도 사랑에 의존하기도 싫다면 뭘 할까. 걷기랑 읽기. 그래 걷자. 조금 걸었는데 벌써 땀이 난다. 풀 냄새 흙 냄새 새소리에 위를 쥐어짤 것 같던 통증도 좀 느슨해진 것 같다. '여름은 담대하고 뜨겁고 즉흥적이고 빠르고 그러면서도 느긋하고 너그럽게 나를 지켜봐준다. 그래서 좋다. 마냥 어린 아이 같다가도 결국은 어른스러운 계절' 여름 같은 사람이 되고 싶다는 작가의 말처럼 나도 여름이 많이 좋다.

〈걸어서 세계 속으로〉처럼
정말 걸어서 세계를 누벼보고 싶다 두발로.

 withent77

♡ 💬 ✈︎   🔖

hans_mansion님 외 **534명**이 좋아합니다
withent77 요즘 좋아보여,

최근 자주 듣는 말인데요. 저 좋아보이나요? 전에는 어땠는지 묻고 싶어요. 인스타에서 보는 모습은 수많은 저의 모습 중 신중을 기해 셀렉된 사진이기에 저의 아주 일부라고 할 수 있죠.

스포츠 하이라이트 아시죠. 축약되고 박진감 넘치게 편집된, 결과 까지 지루할 틈 없는. 전 야구를 좋아해서 거의 매일 저녁 야구를 봐요. 9회까지 생각보다 시간도 길고 중간에 흥분도 되고 실망도 하고 지루한 틈도 있구요. 스포츠를 하이라이트만 보는 사람은 야구를 봤다고 해야할까요 아닐까요. 출발 비디오 여행을 보고 그 영화를 봤다고 해야할까요 아닐까요.

인스타 바깥의 저는 사진보다 아주 많이 치열합니다. 대부분의 아침엔 6:10엔 일어나고 밤에는 12시가 넘어서 잠이 들어요. 얼마나 열심히 일하고 열심히 사는 사람인지 알아달란 소리(맞지만) 그래도 읊어보면 이모님이나 시터 없이 초2 아이도 키우고 밥도 하고 빨래 청소 티 안나는 집안일 다 합니다. 회사에서는 기획 브랜딩 이런 멋지게 들리는 일도 하지만 cs 배송 검수 영업 재무 대출금 갚을 걱정까지 때에 따라 필요한 건 뭐 다합니다.

아직도 여전히 저는 종종 울고(울어야 풀림) 포차에 혼자 가서 우동에 소주도 마시고 퇴근길에 막연하게 밀려오는 내일에 대한 두려움에 집이 아닌 아무도 없는 어디론가 가버리는 상상도 합니다.

저는 완전한 행복은 없을거라 생각해왔어요. 염세주의는 절대 아니지만 그렇다고 무한정 긍정왕도 아니거든요. 저는 그리고 저의 삶은 완전했던 적이 없거든요. 언제나 어떤식으로든 결핍은 있었고 그 결핍들이 저를 만들었다고 생각해요. 그래서 불완전한 형태를 좋아하구요.

깊이가 없어 보일까봐 나의 진가를 알아주지 않을까봐 너무 짠해 보일까봐 너무 행복해 보이면 지난날의 슬픔과 고민이 가벼워 보일까봐 이러저러한 수많은 이유를 갖다붙이며 나에게 매일 다가오는 행복을 인정하지 않았어요. 분명 이 행복이라고 착각하는 짧은 감정 뒤엔 폭풍우같은 검은 슬픔이 도래할거야. 라고 생각하면서.

사람들의 관심을 받아야 하는 일이고 브랜드를 더 많은 사람들에게 보여주는 게 제 일인데 아이러니하게 혼자 책 읽고 글 쓰고 낯선 거리를 걷거나 주차장에서 혼자 노래 듣는걸 좋아하는 사람이거든요. 저의 전부는 아니지만 저의 많은 모습이나 생각이 담긴 제 삶의 하이라이트를 좋아해줘서 고마워요.

저의 포차도 혼술도 시끄러운 모습도 조용한 모습도 멋지지 못한 좀 창피한 순간도 자랑스러운 순간도 계속 올릴거예요. 의심 하지 않고. 울고 싶은 땐 울고 행복한 순간은 행복해하면서.

이 긴글을 포기하지 않고 다 읽어내려왔다면, 정말 제 친구 맞네요. 상 줄게요. 잘 자요.

Withent 77 요즘 좋아보여.

최근 자주 듣는 말인데요. 저 좋아보이나요? 전에는 어땠는지 묻고 싶어요. 인스타에서 보는 모습은 수많은 저의 모습 중 신중을 기해 셀렉된 사진이기에 저의 극히 일부라고 할 수 있죠.

스포츠 하이라이트 아시죠. 축약되고 박진감 넘치게 편집된, 결과까지 지루할 틈 없는 경기의 가장 흥미로운 장면 모음집. 저는 야구를 좋아해서 거의 매일 저녁 야구를 봐요. 9 회까지 생각보다 시간도 길고 중간에 흥분도 되고 실망도 하고 지루한 틈도 있고요. 스포츠를 하이라이트로만 보는 사람은 야구를 봤다고 해야할까요 아닐까요. 출발 비디오 여행을 보고 그 영화를 봤다고 해야 할까요 아닐까요.

인스타 바깥의 저는 사진보다 아주 많이 치열합니다. 대부분의 아침에는 6 시 10 분에 일어나고 밤에는 12 시가 넘어서 잠에 들어요. 얼마나 열심히 일하고 열심히 사는 사람인지 알아달라는 소리(맞지만) 그래도 읊어보면 이모님이나 시터 없이 초2 아이도 키우고 밥도 하고 빨래 청소 티 안나는 집안일 다 합니다. 회사에서는 기획 브랜딩 이런 멋지게 들리는 일도 하지만 CS 배송 검수 영업 재무 대출금 갚을 걱정까지 때에 따라 필요한 건 뭐든 다 합니다.

아직도, 여전히 저는 종종 울고 (울어야 풀림) 포차에 혼자 가서 우동에 소주도 마시고 퇴근길에 막연하게 밀려오는 내일에 대한 두려움에 집이 아닌 아무도 없는 어디론가 가버리는 상상도 합니다.

저는 완전한 행복은 없을 거라고 생각해 왔어요. 염세주의는 절대 아니지만 그렇다고 무한정 긍정왕도 아니거든요. 저는 그리고 저의 삶은 완전했던 적이 없어요. 언제나 어떤식으든 결핍이 있었고 그 결핍들이 저를 만들었다고 생각해요. 그래서 불완전한 형태를 좋아해요.

깊이가 없어 보일까봐 나의 진가를 알아주기 않을까봐 너무 짠해 보인까봐 너무 행복해 보이면 지난날의 슬픔과 고민이 가벼워 보일까봐 이러저러한 수많은 이유를 갖다 붙이며 나에게 매일 다가오는 행복을 인정하지 않았어요. 분명 이 행복이라고 착각하는 짧은 감정 뒤에는 폭풍우 같은 검은 슬픔이 도래할거야. 라고 생각하면서.

사람들의 관심을 받아야 하는 일이고 브랜드를 더 많은 사람들에게 보여주는 게 제 일인데 아이러니하게 저는 혼자 책 읽고 글 쓰고 낯선 거리를 혼자 걷거나 주차장에서 혼자 노래 듣는 걸 좋아하는 사람이거든요. 저의 전부는 아니지만 저의 많은 모습이나 생각이 담긴 제 삶의 하이라이트를 좋아해 줘서 고마워요.

저의 포차도 혼술도 시끄러운 모습도 조용한 모습도 멋지지 못한 좀 창피한 순간도 자랑스러운 순간도 계속 올릴거예요.

의심하지 않고, 울고 싶을 때는 울고, 행복한 순간은 흠뻑 행복해하면서.

이 긴 글을 포기하지 않고 다 읽어 내려왔다면, 정말 제 친구가 맞네요. 이 담에 상 줄게요. 잘자요.

    때로는 기도 같고 일기 같은 나의 글을 누군가는 응원했을 테고, 누군가는 나의 실패를 위로 삼았을 거다. 사랑과 관심과 축복이 그리고 질투와 분노와 미움이 스스로를 성장시켰고 10년 전과 비교해 나는 단단해지고 있는 걸 느낀다. 깊이가 없어 보일까 나의 진가를 알아주지 않을까 전전긍긍하지 않고 의심하지 않고 나에게 온 행복과 이따금 닥칠 시련도 마주할 준비가 되었다. 나답게.

 withent77

 hans_mansion님 외 **476명**이 좋아합니다
withent77 엄청 힘들고 괴로운 일이 있는건 아닌데 유독 마음이 무거운 하루였다. 남들은 눈치 채기 어려울 수 있는데, 생의 고민과 미래에 대한 두려움은 언제나 있어왔고, 내 삶은 언제나 무거웠지만 재밌는 일도 많은데, 그냥 마음 깊은 곳의 우울이가 고개를 튼 그런 날.

어릴 때 어른들은 저 쓴걸 왜 먹지 했던 게 두가지가 있다. 소주랑 커피. 드라마에서 보면 소주 한잔을 들이킨 주인공이 미간을 찌푸리며 크흐 하는데 보는 내 입이 다 쓴 거 있지. 쓰다면서 저걸 왜 먹지.

어른은 쓴 걸 참고 먹는 사람. 아니 어쩌면 소주나 에스프레소보다 더 쓴 것들을 삼켜내는 사람일지도. 불편한 마음도 때론 감추고 내가 입고 있는 옷 마땅한 책임의 무게에 맞는 말과 행동을 해야하는 사람 말이다.

하기 싫을 때가 많지만 스스로 한 약속을 지키려고 노력하는 날들이 쌓여간다. 나와의 약속들을 지키다보면 내가 지킨 약속들이 나를 지킨다는 말처럼 내가 지켜내느라 애쓰는 것들이 언젠간 나를 지켜줄거란 믿음으로 잠들어야겠다.

Withent77 엄청 힘들고 괴로운 일이 있는 건 아닌데 유독 마음이 무거운 하루였다. 남들은 눈치 채기 어려울 수 있는데, 생의 고민과 미래에 대한 두려움은 언제나 있어왔고, 내 삶은 언제나 무거웠지만 재밌는 일도 많은데... 그냥 마음 깊은 곳의 우울이 고개를 든 그런 날.

어릴 때 어른들은 저 쓴걸 왜 먹지 했던 게 두가지가 있다. 소주랑 커피. 드라마에서 보면 소주 한잔을 들이킨 주인공이 미간을 찌푸리며 크흐 하는데 내 입이 다 쓴 거 있지. 쓰다면서 저걸 왜 먹지.

어른은 쓴 걸 참고 먹는 사람. 아니 어쩌면 소주나 에스프레소보다 더 쓴 것들을 삼켜내는 사람일지도 모르겠다. 불편한 마음도 때로는 감추고 내가 입고 있는 옷, 마땅한 책임의 무게에 맞는 말과 행동을 해야하는 사람 말이다.

하기 싫을 때가 많지만 스스로 한 약속을 지키려고 노력하는 날들이 쌓여간다. 나와의 약속들을 지키다보면 내가 지킨 약속들이 나를 지킨다는 말처럼 내가 지켜내느라 애쓰는 것들이 언젠가 나를 지켜줄 거라는 믿음으로 오늘 밤 잠들어야겠다.

내가 지킨 약속들이 언젠가는 나를 지켜 줄 거다. 나는 어른이 되었고 소주와 에스프레소를 마시게 되었다. 쓴 것을 참아야 하기도 하고 진짜 인생은 소주보다도 에스프레소보다도 쓰니까.

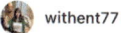 withent77

🌿🌱 **hans_mansion**님 외 **311명**이 좋아합니다
withent77 회사로 가는 여러가지 길이 있는데 똑같은 길로 가는 건 재미 없어서 매일 다른 길로 출근한다. 신호가 걸리면 늘 마주하는 이정표인데 여기엔 내가 좋아하는게 다 있다.

1. 한남대교 - 다리 끝에서 경부고속도로를 타고 부산까지 갈 수 있다. 가끔 바쁘게 미팅을 가면서 이대로 부산에 가버릴까 하는 상상을 한다(언젠가 꼭 그래봐야지)
2. 이태원 - 이름만 들어도 자유로움이 연상되는 동네. 외국인들이 가장 많이 보이는 동네인데 그 중에서도 해방촌 초입에 200% 외국인만 가는 펍이 있다. 테라스에 언제나 외국인들이 낮이고 밤이고 맥주를 마시고 있다. 그 앞을 수천번을 지나치면서 단한번도 한국인이 있는 걸 본적이 없는데 조만간 들어가 볼 예정.
3. 장충동 - 사랑하는 족발집이 있는 장충동. 올해는 더 올라서 83,000원짜리 망고빙수를 파는 신라호텔을 맞은편에 두고 오래된 노포가 많은 약수동 그리고 동대문으로 넘어가는 사거리는 자본주의와 역사의 한켠이 만나는 길목 같이 느껴지는 동네.
4. 남산타워 - 봄여름가을겨울이 다 아름다운 나의 최애 도로 소월길이 있는 남산. 최근엔 50km 속도제한 때문에 어쩔 수 없이 더 천천히 지나가는데 그래서 더 좋은 요즘.

회사로 가는 여러가지 길이 있는데 똑같은 길로 가는 건 재미 없어서 매일 다른 길로 출근한다. 신호가 걸리면 늘 마주하는 이정표인데 내가 좋아하는 게 다 있다.

1. 한남대교 – 다리 끝에서 경부고속도로를 타고 부산까지 갈 수 있다. 가끔 이 다리를 지나 바쁘게 미팅을 가면서 이대로 부산까지 가버릴까 하는 상상을 한다. (언젠가 꼭 그래봐야지)
2. 이태원 – 이름만 들어도 자유로움이 연상되는 동네. 외국인들이 가장 많이 보이는 동네인데 그 중에서도 해방촌 초입에 200% 외국인만 가는 펍이 있다. 테라스에 외국인들이 낮이고 밤이고 맥주를 마시고 있다. 그 앞을 수천번 지나치면서도 단 한번도 한국인이 있는 것을 본 적이 없는데 조만간 들어가 볼 예정.
3. 장충동 – 사랑하는 족발집이 있는 장충동. 올해는 가격이 더 올라서 83,000 원짜리 망고빙수를 파는 신라호텔을 맞은편에 두고, 오래된 노포가 많은 약수동 그리고 동대문으로 넘어가는 사거리는 자본주의와 역사의 한 켠이 만나는 길목 같이 느껴지는 동네
4. 남산타워 – 봄 여름 가을 겨울이 다 아름다운 나의 최애 도로 소월길이 있는 남산. 최근에는 50km 속도 제한 때문에 어쩔 수 없이 더 천천히 지나가야 하는데 그래서 더 좋다.

같은 목적지를 가더라도 다른 길로 가는 것을 좋아한다.

매일 가는 길이 지루하지 않은 것은 매일 다른 길로 가기 때문이다.

반복되는 매일이 지루하지 않은 것은 매일 다른 일들이 펼쳐지기 때문이다. 생각해보면 나는 늘 다른 길을 택했던 것 같다. 가까운 길을 두고 돌아서 간 길도 많은 것 같다. 남들과 다르게 특별해 보이고 싶어서 택했던 길도 있고, 잘못 들어선 길인 걸 알았지만 인정하기 싫어서 계속 비탈길을 갔던 적도 있고, 돌아가기엔 너무 멀리 와서 가던 길을 가기도 했고, 또 뜻하지 않게 지름길을 만나기도 했다. 도착지에 가기 전엔 모르는 일이다. 어쩌면 애초에 도착지라는 것이 존재하지 않을지도 모르겠다. 어떤 길을 선택해서 가든지 그 여정이 그냥 삶 자체이고 도착지는 삶이 끝나는 날일 수도 있으니까. 네비게이션의 '경로를 이탈하였습니다.'라는 말을 수백 번 듣는다 해도 계속 다른 길에 오를 거다.

withent77

ziz0210님 외 **464명**이 좋아합니다
withent77 종교적 가치관과 관계 없이 인과응보를 믿는 편이다. 다정하고 따뜻한 말을 건네다보면 생각치 못한 사람에게 다정한 마음을 들을 때가 있다. 누군가에게 참지 못하고 생채기 날만한 말을 했다면 훗날 나도 말로 상처 받을 각오를 한다. 바라는 것 없이 누군가를 진심으로 도왔다면 언젠가 뜻밖의 사람에게 예상치 못한 도움을 받기도 한다.

그렇다고 나중에 언젠가 받을 상처가 두려워 하고 싶은 말을 영영 참거나 못하는 성격도 못된다. 내가 만나고 마주하는 사람들 나의 지금의 상황들은 결국 기억도 나지 않는 과거의 내가 모여 만든 나(를 둘러싼 모든 것)이니까.

가능한 여러 사람이 보기에 괜찮은 사람처럼 보이려는 노력을 포기했다. 밍숭해진 관계도 더러 있지만 반대로 마음을 나누고 싶은 누군가에겐 더 깨끗하게 진심을 표현할 수 있는 사람이 된 것 같다. 여름을 사랑하지만 4월의 오후는 정말 사랑스럽다.

Withent77 종교적 가치관과 관계 없이 인과응보를 믿는 편이다. 다정하고 따뜻한 말을 건네다 보면 생각치 못한 사람에게 다정한 마음을 들을 때가 있다. 누군가에게 참지 못하고 생채기 날 만한 말을 했다면 훗날 나도 말로 상처 받을 각오를 한다. 바라는 것이 누군가를 진심으로 도왔다면 언젠가 뜻밖의 사람에게 예상치 못한 도움을 받기도 한다.

그렇다고 나중에, 언젠가 받을 상처가 두려워 하고 싶은 말을 영영 참거나 못하는 성격도 못된다. 내가 만나도 마주하는 하는 사람들 나의 지금의 상황들도 결국 기억도 나지 않는 과거의 내가 모여 만든 나(를 둘러싼 모든 것)이니까.

많은 사람들에게 '괜찮은 사람'처럼 보이려는 노력을 포기했다. 그래서 밍숭해진 관계도 더러 있지만 반대로 마음을 나누고 싶은 누군가에게는 더 깨끗하게 진심을 표현할 수 있는 사람이 된 것 같다. 여름을 사랑하지만 4월의 오후는 정말 사랑스럽다.

되도록이면 말을 예쁘게 하려고 한다. 같은 말도 뽀족하고 날카로운 단어보다는 이왕이면 다정한 단어가 좋다. 말로 씻을 수 없는 상처도 받아보고 또 남에게 말로 상처도 줘보니까. 말만큼 따뜻하고 또 아픈 게 없다.

 withent77

chorong_lee_님 외 **542명**이 좋아합니다
withent77 나는 요즘 나의 평온함에 대해 생각한다. 언제나 잘해야 한다는 생각, 그리고 완벽하게 준비가 되었을 때 보여줘야야(비쳐져야) 한다는 강박에 사로잡혀 살아왔다. 할 일을 미루다 임박해서 하는 사람들은 게을러서가 아니라(물론 그럴 수도 있지만) 잘하고 싶은 의지가 너무 강해서라는 이야기를 들은 적 있다. 실수하고 싶지 않고 완벽하게 해내고 싶은 마음에 - 겉으로는 할일을 미루다 데드라인에 해내는 - 그런 사람이었던 것 같다.

성취주의는 결과로 스스로를 판단한다. 과정의 자신을 칭찬하기 어렵고 결국 행복으로 가는 문은 멀어진다. 멋진 결과가 나왔을 때만 보여주는 게 아니라 일련의 과정이 보여져도 (가다가 실패해도) 괜찮다. 누군가는 나의 실패를 보고 위안을 삼기도 또 약간은 고소해하기도 할테니까. 그것마저 다 괜찮다. 잘하고 있다는 걸 계속 증명하지 않아도 되는 마음 나는 이걸 평온이라고 정의하고 싶다.

엄마는 내 인스타에 너무 잦은 와인잔의 등장도 나의 개인사가 올라가는 것도 모든게 걱정인가보다. 자식은 나이를 먹어도 물가에 내놓은 아이 같다는 말이 사실이겠지. 근데 난 이제 어지간한 일들엔 상처 받지 않고 행복의 기준이 외부가 아닌 내 안에서 찾게 되었으니까. 이 글을 보고 있다면 걱정말고 좋아요 눌러줘 엄마.

Withent77 나는 요즘 나의 평온함에 대해 생각한다. 언제나 잘해야 한다는 생각, 그리고 완벽하게 준비가 되었을 때 보여줘야 한다는 강박에 사로잡혀 살아왔다. 할 일을 미루다 임박해서 하는 사람들은 게을러서가 아니라 (물론 그럴 수도 있지만) 잘하고 싶은 의지가 너무 강해서라는 이야기를 들은 적이 있다. 실수하고 싶지 않고 완벽하게 해내고 싶은 마음에 – 겉으로는 할 일을 미루다 데드라인에 해내는 – 그런 사람이었던 것 같다.

성취주의는 결과로 스스로를 판단한다. 과정의 자신을 칭찬하기 어렵고 결국 행복으로 가는 문은 멀어진다. 결과가 멋지지 않으면 어떤가. 멋진 결과가 나왔을 때만 보여주는 게 아니라 일련의 과정이 보여져도 (가다가 실패해도) 괜찮다. 누군가는 나의 실패를 보고 위안을 삼기도 하고 또 약간은 고소해 하기도 할테니까. 그것마저 다 괜찮다. 잘하고 있다는 걸 계속 증명하지 않아도 되는 마음, 나는 이것을 평온이라고 정의하고 싶다.

엄마는 내 인스타에 너무 잦은 와인잔의 등장도 나의 개인사가 올라가는 것도 모든게 걱정인가 보다. 자식은 나이를 먹어도 물가에 내놓은 아이 같다는 말이 사실이겠지. 그런데 나는 이제 어지간한 일들에는 상처 받지 않고 행복의 기준이 외부가 아닌 내 안에서 찾게 되었으니까. 이 글을 보고 있다면 걱정말고 좋아요 눌러줘 엄마.

이 놈의 벼락치기 인생. 제대로 준비되지 않으면 보여주고 싶지 않은 마음, 너무 내 마음인데. 그러다 보면 항상 데드라인. 이 강박을 조금 버리지 못했더라면 나의 글을 책으로 내보려는 생각은 아마 237년 뒤에나 실행할 수 있었을 것이다. 실패해도 괜찮다(이미 많이 했어). 아 그런데 엄마 혹시 이 글도 읽고 있으려나.

withent77

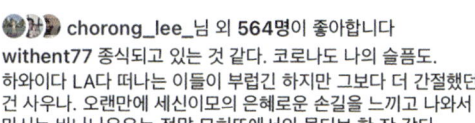

chorong_lee_님 외 **564명**이 좋아합니다
withent77 종식되고 있는 것 같다. 코로나도 나의 슬픔도. 하와이다 LA다 떠나는 이들이 부럽긴 하지만 그보다 더 간절했던 건 사우나. 오랜만에 세신이모의 은혜로운 손길을 느끼고 나와서 마시는 바나나우유는 정말 모히또에서의 몰디브 한 잔 같다.

전세계를 집어 삼킬듯 했던 코로나도 내 삶을 집어 삼킬 듯 했던 수년간 짙게 배인 소용돌이 치는 마음도 스틸녹스로도 잠들지 못했던 밤도 끝이 보인다.

막아낼 방법이 없었기에 내 몸을 통과하게 둔 코로나처럼 수년간 나에게 걸쳐 있던 우울이나 자격지심 같은 것도 나를 통과하게 내 버려두니 이젠 힘을 잃었다. 별 대단할 게 없을 것 같은 작은 즐거움 찾기가 해냈다. 묵은 때를 밀어서인지 체중의 500g은 빠져나간 것 같다.

종식을 앞두고 보니 그저 평범하게 웃긴 날은 웃고 슬픈 날은 울고
보이지 않는 곳에서 보냈던 날들이 가장 특별했다.
#사우나 #바나나우유 #글

Withent77 종식되고 있는 것 같다. 코로나도 나의 슬픔도. 하와이다 LA다 떠나는 이들이 부럽기도 하지만 그보다 더 간절했던 건 사우나. 오랜만에 세신이모의 은혜로운 손길을 느끼고 나와서 마시는 바나나우유는 정말 모히또에서의 몰디브 한 잔 같다.

전세계를 집어 삼킬 듯 했던 코로나도 내 삶을 집어 삼킬 듯 했던, 수년간 짙게 매인 소용돌이 치는 마음도 스틸녹스로도 잠들지 못했던 밤도 끝이 보인다.

막아낼 방법이 없었기에 내 몸을 통과하게 둔 코로나처럼 수년간 나에게 걸쳐 있던 우울이나 자격지심 같은 것도 나를 통과하게 내버려두니 이제 힘을 잃었다. 별 대단한 게 없을 것 같은 작은 즐거움 찾기가 해냈다. 묵은 때를 밀어서인지 체중의 500g은 빠져나간 것 같다.

종식을 앞두고 보니 그저 평범하게 웃긴 날은 웃고 슬픈 날은 울고 보이지 않는 곳에서 보냈던 날들이 가장 특별했다.
#사우나 #바나나우유

사우나 후에 먹는 바나나우유가 세상에서 가장 맛있는 것 같다. 코로나도 나의 해묵은 슬픔도 종식되어가던 어느 날. 당시에는 절대 몰랐던 코로나 없는 평범한 지난 날들이 축복이었음을 절절히 느꼈던 나와 우리의 코로나 시절. 지나고 나서는 역사의 한장면처럼 사회책의 한 페이지로 남겨져 두고두고 회자될 코로나 시절은 그렇게 지나가고 있었다.

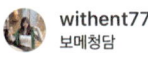 **withent77**
보메청담

hans_mansion님 외 **667명**이 좋아합니다
withent77 우울함은 수용성이다. 그래서 따뜻한 물에 반신욕을 하거나 뜨끈한 차를 마시면 우울감이 날아가는 경우가 많다. 나는 식당이나 카페에 가면 뜨거운 물을 먼저 주문한다. 따뜻한 물을 한 모금 삼키면 급한 성질에 바로 뱉으려던 말도 하려던 일도 머릿속에서 한번 더 정렬된다. 이따금 찾아오는 우울의 마음을 증발시키고 급한 마음도 달래는 나만의 방법. 항상 뜨거운 물을 시키네? 라던 친구의 질문에 대한 대답.

Withent77 우울함은 수용성이다. 그래서 따뜻한 물에 반신욕을 하거나 뜨끈한 차를 마시면 우울감이 날아가는 경우가 많다. 나는 식당이나 카페에 가면 뜨거운 물을 먼저 주문한다. 따뜻한 물을 한모금 삼키면 급한 성질에 바로 뱉으려던 말도 하려던 일도 머릿속에서 한번 더 정렬된다. 이따금 찾아오는 우울의 마음을 증발시키고 급한 마음도 달래는 나만의 방법이다. 항상 뜨거운 물을 시키네? 라던 친구의 질문에 대한 대답.

엄마는 늘 '찬물 벌컥 벌컥 마시지 마라'는 잔소리를 했다. 그러다 뜨거운 물을 마셔봤는데 의외의 효과를 발견했다. 우울한 마음이 녹는다. 뜨거운 물에 넣은 각설탕이 사르르 녹듯이. 갑자기 치밀어 오르는 감정도 우울한 기운도 가라앉히는 의외의 부작용을 발견한 후로 자주 처방하는 셀프 치료법. "뜨거운 물 한잔 주세요."

 withent77

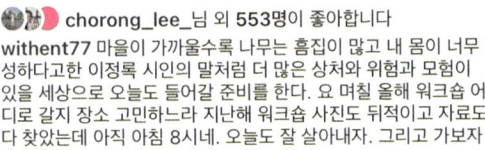

chorong_lee_님 외 **553명**이 좋아합니다

withent77 마을이 가까울수록 나무는 흠집이 많고 내 몸이 너무 성하다고한 이정록 시인의 말처럼 더 많은 상처와 위험과 모험이 있을 세상으로 오늘도 들어갈 준비를 한다. 요 며칠 올해 워크숍 어디로 갈지 장소 고민하느라 지난해 워크숍 사진도 뒤적이고 자료도 다 찾았는데 아직 아침 8시네. 오늘도 잘 살아내자. 그리고 가보자 마을로 사람들 속으로.

Withent77 마을이 가까울수록 나무는 흠집이 많고 내 몸이 너무 성하다고 한 이정록 시인의 말처럼 더 많은 상처와 위험과 모험이 있을 세상으로 오늘도 들어갈 준비를 한다. 요 며칠 올해 워크숍을 어디로 갈 지 장소를 고민하느라 지난해 워크숍 사진을 뒤적이고 자료도 다 찾았는데 아직 오전 8시네. 오늘도 잘 살아내자. 그리고 가보자. 마을로 사람들 속으로.

인스타그램에 많은 일상과 글이 노출된다는 건 시간이 쌓이면서 더 많은 사람들에게 나의 인생이 보여지고 있다는 것. 재밌고 멋진 일들도 있지만 고되기도 흠집이 나기도 한다. 그래도 마을로, 사람들 속으로 더 들어가 본다. 그 여정에서 진짜 나를 발견하기도 하고 인생을 배우기도 한다.

 withent77

moonimo_ony_님 외 **492명**이 좋아합니다
withent77 졸업하고 처음으로 학교에 갔다. 근처를 지나친 적은 몇번 있지만 차를 타고 캠퍼스 안을 구석구석 돌아본 건 처음이다. 나의 이십대 추억의 대부분인 곳. 너무 사랑했고 너무 찬란해서 다시 가보기 어려웠던 나의 회기동. 그리고 우리 학교. 세상 세련된 서울 사람들 속에서 나만 이방인으로 얼떨떨했던 날들. 이제는 없어진 버거킹 하지만 영원히 버거킹 사거리라 불릴 골목에서 사라져버린 겁 없고 용감했고 맑던 임이랑을 마음 속으로 불러봤다. 아 그리고 그땐 왜 몰랐지 평화의 전당 이렇게 아름다운 줄.

Withent77 졸업하고 처음으로 학교에 갔다. 근처를 지나친 적은 몇번 있지만 차를 타고 캠퍼스 안을 구석구석 돌아본 건 처음이다. 나의 이십대 추억의 대부분인 곳. 너무 사랑했고 너무 찬란해서 다시 가보기 어려웠던 나의 회기동. 그리고 우리 학교. 세상 세련된 서울 사람들 속에서 나만 이방인으로 얼떨떨했던 날들. 이제는 없어진 버거킹. 하지만 영원히 버거킹 사거리라 불릴 골목에서 사라져버린 겁 없고 용감했고 맑던 임이랑을 마음 속으로 불러봤다. 아 그리고 그 때는 왜 몰랐지 평화의 전당 이렇게 아름다운 줄.

얼떨떨했던 나의 이십대.
너무 사랑해서 다시 들여다보기 어려울 것 같던 나의 회기동.

withent77

mmmmmmjung님 외 **428명**이 좋아합니다
withent77 고등학교 때니까 한 20년 전 이야기다. 모 대학에서 주최하는 백일장을 나갔었는데 글짓기 대회도 대회지만 학교 수업을 빠지고 평일에 서울 나들이라니 나는 서울 구경할 생각에 들떠 있었다. 서울에서 대학을 다니던 오빠는 나를 4호선 명동역으로 불렀다. 그리고 서울로 대학을 와야겠다 결심하게 만든 만남을 하게 되는데. 바로 명동교자와 스타벅스의 프라푸치노.

지금처럼 그때도 긴 줄을 섰고 선불로 결제하고 옆에 전혀 모르는 사람들과 다닥다닥 붙어 앉는 (요즘은 상상할 수 없는)자리 배치도 면을 리필해 주는 문화도 신기했다. 고기 고명이 올라간 칼국수에 중독성 있는 마늘 겉절이를 처음 먹은 그 날을 잊을 수가 없다. 식사를 마치자 오빠는 날 스타벅스에 데려갔다. 명동교자 먹은 뒤엔 이게 딱이라며 아 이름도 어려운 그린티프라푸치노를 시켜줬다. 휘핑 크림이 가득 들어가 있는 음료를 한 모금 마시는 순간, 난 대학생이 되서 이걸 매일 마셔야겠다고 생각했다. 몇년 뒤 나는 서울에서 대학을 다녔고 4,500원이던 칼국수 가격이 500원씩 오르는 가격 인상을 매년 확인하며 명동교자와 스벅 그린티프라푸치노를 즐겼다. 지금은 한그릇에 9,000원.

그린티프라푸치노는 단종 됐다. 그 사실을 종종 잊어서 지금도 스벅에 가면 그린티프라푸치노 주세요 휘핑은 뚜껑 안덮힐 정도로 가득요. 라는 주문이 나올 때가 있다. 이제 스벅엔 그린티프라푸치노가 없고 명동교자에는 테오랑 같이 가는 나이가 되었는데 내 인생에 명동교자랑 스벅 그린티프라푸치노가 이렇게 중요한 의미인지 오빠한테 한번도 말한 적이 없는 것 같다. 이번 주말에 명동역으로 오라고 카톡해봐야지.
#명동교자 #그린티프라푸치노

Withent77 고등학교 때니까 한 20년 전 이야기다. 모 대학에서 주최하는 백일장을 나갔었는데 글짓기 대회도 대회지만 학교 수업을 빠지고 평일에 서울 나들이라니. 나는 서울 구경을 할 생각에 들떠 있었다. 서울에서 대학을 다니던 오빠는 나를 4호선 명동역으로 불렀다. 그리고 서울로 대학을 와야겠다 결심하게 만든 만남을 하게 되는데, 바로 명동교자와 스타벅스의 프라푸치노.

지금처럼 그때도 긴 줄을 섰고 선불로 결제를 하고 옆에 전혀 모르는 사람들과 다닥다닥 붙어 앉는 (코로나 시대에는 상상할 수 없는) 자리 배치도, 면을 리필해 주는 문화도 신기했다. 고기 고명이 올라간 칼국수에 중독성 있는 마늘 겉절이를 처음 먹은 그 날을 잊을 수가 없다. 식사를 마치자 오빠는 나를 스타벅에스 데려갔다. 명동교자 먹은 뒤에는 이게 딱이라며 아 이름도 어려운 그린티 프라푸치노를 시켜줬다. 휘핑 크림이 가득 올라가 있는 음료를 한모금 마시는 순간, 나는 대학생이 되어 이걸 매일 마셔야 겠다고 생각했다. 몇년 뒤 나는 서울에서 대학을 다녔고 4,500원이던 칼국수 가격이 500원씩 오르는 가격인상을 매년 확인하며 명동교자와 스벅 그린티 프라푸치노를 즐겼다. 지금은 한 그릇에 9,000 원.

그린티 프라푸치노는 단종 됐다. 그 사실을 종종 잊어서 지금도 스타벅스에 가면 그린티 프라푸치노 주세요 휘핑은 뚜껑 안덮힐 정도로 가득이요. 라는 주문이 나올 때가 있다. 이제 스타벅에서는 그린티 프라푸치노가 없고 명동교자에는 테오랑 같이 가는 나이가 되었는데 내 인생의 명동교자와 스타벅스 그린티 프라푸치노가 이렇게 중요한 의미인지 오빠에겐 한번도 말한 적이 없는 것 같다. 이번 주말에 명동역으로 오라고 카톡해봐야지.

명동교자와 스타벅스 프라푸치노를 먹고 서울로 대학을 와야겠다 결심한 16세 임이랑. 처음 명동교자 칼국수를 먹었을 때 4,500원이었다는 회상을 하며 이 피드를 올렸을 때만해도 9,000원 이던 그 칼국수가 이제는 11,000원이 되었다. 나에게 서울의 상징이었던 명동칼국수를 먹으러 이번주에 가봐야겠다.

withent77

ziz0210님 외 여러 명이 좋아합니다

withent77 역마살이 낀 사주라 전세계를 돌아다닐 팔자라고 했는데 타고난 팔자도 바이러스는 예상하지 못한 것 같다. 한 곳에 정착하지 못하고 2년 길어야 3-4년이 지나면 살던 동네도 익숙하던 일도 취미도 이제 좀 알만하면 떠나곤 했다. 그런 내가 다른 듯 같은 일을 10년 째 하고 있다. 바이러스만큼이나 예상하기 어려웠던 대목이다. 아무도 읽지 않는 글을 쓰고 있다면 그 글은 의미 있는 글인가 아닌가. 이 생각을 하면서 지난날의 일기장을 읽어봤다. 지난 일기를 잘 읽지 않는데 어쩐일인지 지난 글을 열어보았다.

삶은 여행이라는 진부한 표현을 들먹여본다. 살다 보니 예상치 못한 여행지에 와 있는 느낌이 든다. 분명 가려던 목적지가 있었으나 자의반 타의반 열차에서 내리기도 했고 누군가의 도움으로 처음의 목적지는 애진작에 노룩패스급으로 지나치고 생각치도 못한 새 목적지로 다시 달리고 있었다. 갑자기 모르는 도시에서 낯선 이방인으로 모르는 역 이름의 플랫폼에서 아무 열차에나 올라타고 어디론가 가고 싶어졌다. 여행지에서 샀던 옷을 입고 한번도 가보지 않은 동네에서 밥을 사먹고 커피를 마셨다. 이렇게 많은 사람들이 카페에 열광했던가 싶을만큼 골목 구석구석 카페마다 사람들이 자리했다. 하긴 우리도 이렇게 맛있는 커피 탁 트인 공간에 가고 싶어하니까.

지난 10년간 잘 한 일들은 손에 꼽힌다. 제대로 못한 일 그러니까 실패는 밤하늘의 별처럼 수두룩하다. 아무도 읽지 않아도 좋을 글 말고 나같은 실패를 했던 사람들이 읽어줬으면 좋겠는, 이렇게 이렇게 해서 해냈다는 글 말고 이렇게나 많이 실패하고 있다는 기록을 써보고 있다. 낯선 도시에서 올라탄 기차 밖 풍경을 보듯 내 마음의 풍경도 바라본다. 언제고 가고 싶은 여행지는 아닐지라도 한번씩 사무치게 그립고 까무룩한 밤에 생각나는 그런 여행지같은 글, 을 쓰고 싶다. 쓰고 있다.

Withent77 역마살이 낀 사주라 전세계를 돌아다닐 팔자라고 했는데 타고난 팔자도 바이러스는 예상하지 못한 것 같다. 한 곳에 정착하지 못하고 2년 길어야 3-4년이 지나면 살던 동네도 익숙하던 일도 취미도 이제 좀 알만하면 떠나곤 했다. 그런 내가 다른 듯 같은 일을 10년째 하고 있다. 바이러스만큼이나 예상하기 어려웠던 대목이다. 아무도 읽지 않는 글을 쓰고 있다면 그 글은 의미 있는 글인가 아닌가. 이 생각을 하면서 지난날의 일기장을 읽어봤다. 지난 일기를 잘 읽지 않는데 말이다.

삶은 여행이라는 진부한 표현을 들먹여본다. 살다 보니 예상치 못한 여행지에 와 있는 느낌이 든다. 분명 가려던 목적지가 있었으나 자의 반 타의 반 열차에서 내리기도 했고 누군가의 도움인지 방해인지 처음의 목적지는 애진작에 '노룩 패스' 급으로 지나치고 새 목적지로 다시 달리고 있었다. 갑자기 어디론가 가고 싶어졌다. 모르는 도시에서 낯선 이방인으로 모르는 역 이름의 플랫폼에서 아무 열차에나 올라타고 말이다.

여행지에서 샀던 옷을 입고 한번도 가보지 않은 동네에서 밥을 먹고 커피를 마셨다. 이렇게 많은 사람들이 카페에 열광했던가 싶을만큼 골목 구석구석 카페마다 사람들이 가득했다. 하긴 우리도 이렇게 멀리 커피를 마시러 왔으니까.

지난 10년간 잘 한 일들은 손에 꼽힌다. 제대로 못한 일 그러니까 실패는 밤하늘의 별처럼 수두룩하다. 아무도 읽지 않아도 좋겠다는 글 말고, 나같은 실패를 했던 사람들이 읽어줬으면 좋겠는 – 이렇게 해서 해냈다는 글 말고 이렇게나 많은 실패를 하고 있다는 기록을 써보고 있다. 낯선 도시에서 올라 탄 기차 밖 풍경을 보듯 내 마음의 풍경도 바라본다. 매일 가고 싶고 찾고 싶은 여행지는 아니어도 괜찮다. 한번씩 사무치게 그립고 까무룩한 밤에 생각나는 그런 여행지 같은 글을 쓰고 싶다. 쓰고 있다.

나 이렇게나 글을 열망했고 계속 썼구나. 예상치 못한 정거장에 내리기도 했지만 차곡차곡 여권 도장처럼 쌓인 나의 글 조각들.

withent77

hans_mansion님 외 **553명**이 좋아합니다
withent77 편지를 받는 일은 사랑받는 일이고 편지를 쓰는 일은 사랑하는 일이라 했다. 나는 편지 쓰는 게 좋다. 한 걸음은 고통 한 걸음은 희망이었다. 두 발로 빠르게 걷다보면 결국 고통도 희망도 한데 섞인다. 마냥 안락하고 좋기만 한 삶은 없더라. 가까이 들여다 보면 더 그랬다. 내 좁다란 손을 활짝 펼쳐 낙원을 모은다고 한 에 밀리 디킨스의 말처럼 내 작은 마음을 활짝 펴 기쁨을 모아본다.

Withent77 편지를 받는 일은 사랑받는 일이고 편지를 쓰는 일은 사랑하는 일이라 했다. 나는 편지 쓰는 게 좋다. 한 걸음은 고통 한 걸음은 희망이었다. 두 발로 빠르게 걷다보면 결국 고통도 희망도 한데 섞인다. 마냥 안락하고 좋기만 한 삶은 없더라. 가까이 들여다보면 더 그랬다. 내 좁다른 손을 활짝 펼쳐 낙원을 모은다고 한 에밀리 디킨스의 말처럼 내 작은 마음을 활짝 펴 기쁨을 모아본다.

인생은 멀리서 보면 희극, 가까이서 보면 비극. 그래서 인스타그램이 인기가 많은 걸까. 멀리서 보는 남의 인생은 다 좋아 보이고 내 현실은 대부분 퍽퍽해 보이니까. 그래서 가끔은 나의 희극 같은 인생이 아니라 비극 같은 인생의 모서리를 보이는 것이 누군가의 위로가 될 수도 있겠다는 생각을 한다. 누군가에게 희극으로만 보이고 싶지 않다. 그리고 그것은 사실도 아니다. 기쁨의 순간도 때로는 슬픔의 순간도 모아 과거의 내가 미래의 나에게 남기는 편지 같은 글들을 계속 쓰고 싶다. 그것이 진짜 인생일 것이다.

 withent77

chorong_lee_님 외 **458명**이 좋아합니다

withent77 연차가 쌓이면서 가장 하지 말아야지하는 말 중 하나는 '내가 이걸 몇년째 했는데' 하는 말이예요. 얼마나 길게 했냐는 것 보단 얼마나 사랑하는지 얼마나 잘 하는지가 더 중요하니까요. 그런데 저도 이제 꼰대 대열에 들어섰는지 이 일을 얼마나 했는지를 세고 그걸 내세우고 싶을 때가 있나봐요. 올해 여름이 저한테 좀 특별하다고 괜히 의미부여를 좀 했어요. 직장 그만두고 알바도 하고 백수도 하다가 호기롭게 사업을 시작한지 십년이 된 해라서 혼자 괜히 의식되더라구요. 10년 했으면 잘 할 때 되지 않았나? 인정받을 때가 된건 아닌가? 하는 그런 비교의 늪. 그런데 최근에 일하다보니 기간과 상관 없이 탁월하게 뛰어나고 센스 있고 실행력 있는 젊은 친구들 많더라구요. 멋있어요. 그냥 오래 해서 멋있는 거 말고 자기가 사랑하는 일을 하는 사람들. 이미 주사위는 던져졌고, 이제 월요일! 저는 이번주에 축제 같은 마음으로 즐겨보려해요.

#여름 #퇴근길 #글

Withent77 연차가 쌓이면서 가장 하지 말아야지 하는 말 중 하나는. '내가 이걸 몇년 째 하는데' 하는 말이에요. 얼마나 길게 했냐는 것 보다는 얼마나 사랑하는 지 얼마나 잘 하는 지가 더 중요하니까요. 그런데 저도 이제 꼰대 대열에 들어섰는 지 이 일을 얼마나 했는지를 세고 그걸 내세우고 싶을 때가 있나봐요. 올해 여름이 저에게 좀 특별하다고 괜히 의미 부여를 했어요. 직장 그만두고 알바도 하고 백수도 하다가 호기롭게 사업을 시작한 지 십년이 된 해라서 혼자 괜히 의식하게 되더라구요. 10년 했으면 잘할 때 되지 않았나? 인정 받을 때가 된 건 아닌가? 하는 그런 비교의 늪. 그런데 최근에 일하다보니 기간과 상관없이 탁월하게 뛰어나고 센스 있고 실행력 있는 젊은 친구들이 많더라구요. 멋있어요. 그냥 오래해서 멋있는 거 말고 자기가 사랑하는 일을 하는 사람들. 이미 주사위는 던져졌고, 이제 월요일! 저는 이번주에 축제 같은 마음으로 즐겨보려해요.
#팝업을앞둔주말 #나떨고있니

내가 말야 이걸 10년을 했는데, 하는 순간 꼰대가 되는 거다(10년은 긴 인생에 비하면 사실 길지 않음). 근자감과 교만이 고개를 들려고 할 때 스스로 되새기며 다짐해 보는 글.

withent77

moonimo_ony_ 님 외 **492명**이 좋아합니다
withent77 과거는 기록해두면 훗날 다시 읽게 되어있다. 당시엔 미치게 싫었던 어떤 것들이 그리움의 대상이 되기도 한다. 내가 글을 쓰고 사진을 찍는 이유들이다. 돌아갈 수는 없지만 미래의 누군가에게 살아보고 싶은 과거의 어느날로 읽힐 수 있다는 건 짜릿하니까. 일 년 전 이맘때의 내 모습들. 마음이 고단한 날들이 많았던 것 같은데 사진엔 많이 웃고 있고 예쁘고 씩씩했네. 과거의 내가 보낸 사랑의 조각들.
#긴머리시절

Withent77 과거는 기록해두면 훗날 다시 읽게 되어있다. 당시에는 미치게 싫었던 어떤 것들이 그리움의 대상이 되기도 한다. 내가 글을 쓰고 사진을 찍는 이유들이다. 돌아갈 수는 없지만 미래의 누군가에게 살아보고 싶은 과거의 어느날로 읽힐 수 있다는 건 짜릿하니까. 일 년 전 이맘때의 내 모습들. 마음이 고단한 날들이 많았던 것 같은데 사진에는 많이 웃고 있고 예쁘고 씩씩했네. 과거의 내가 보낸 사랑의 조각들.
#긴머리시절

아이폰은 한번씩 과거의 나를 보여준다. 오래 전 쓴 일기나 메모장을 가끔 읽는다. 그리워할 순간도 없애 버리고 싶은 순간 마저도 좋았던 날들만큼이나 고단했던 날들의 기록도 모두 지금의 나를 만들었기에 소중하다.

withent77
아이스크림 소사이어티

 chorong_lee_님 외 **442명**이 좋아합니다
withent77 넷플릭스로 미드나 시리즈물만 보다가 다큐에 꽂혀서 한국인의 밥상을 열심히 보고 있어요. 요즘 전 의식주 중 식! 좋아하는 것 먹기에 꽂혀있거든요. 그러다 우연히 최불암 선생님이 배우 김혜수언니한테 보낸 문자가 소개된 에피소드를 봤는데 세상에 너무 좋아서 눈물도 찔끔났고 메모장에도 저장해 놨어요.

외국에 나가 있다고 들었는데
들어왔다 또 뉴욕으로 향하는 군
열 두서너 시간 걸리는
먼거리를 어찌 다녀오나
시원한 바람이 이는 서울을
뒤로하고 말이야
포도주 한 잔 하고 무조건 자야해!
그리움이나 보고픔도 지우면서
몸을 쉬게 해야 뉴욕이 좋아
가을은 그리움의 계절
포도가 익는 계절
비행기 안은 꿈의 계절이 되어야 해
그럼 다녀와 혜수가 꾼 꿈 이야기 듣자고!

Withent77 넷플릭스로 미드나 시리즈물만 보다가 다큐에 꽂혀서 '한국인의 밥상'을 열심히 보고 있어요. 요즘 전 의식주 중에서 '식', 좋아하는 것 먹기에 꽂혀있거든요. 그러다 우연히 최불암 선생님이 배우 김혜수 언니에게 보낸 문자가 소개된 에피소드를 봤는데 세상에 너무 좋아서 눈물도 찔끔 났고 메모장에도 저장해 놨어요.

외국에 나가 있다고 들었는데

들어왔다 또 뉴욕으로 향하는 군

열 두서너 시간 걸리는

먼거리를 어찌 다녀오나

시원한 바람이 이는 서울을

뒤로하고 말야

포도주 한 잔 하고 무조건 자야해!

그리움이나 보고픔도 지우면서
몸을 쉬게 해야 뉴욕이 좋아
가을은 그리움의 계절
포도가 익는 계절
비행기 안은 꿈의 계절이 되어야 해
그럼 다녀와 혜수가 꾼 꿈 이야기 듣자고!

오늘은 포도주 한잔 하고 무조건 자야겠다.
그리움이나 보고픔도 지우면서.

 withent77

 moonimo_ony_님 외 370명이 좋아합니다

withent77 시간이 지나서야 알게 되는 마음이 있다. 첫 눈에 사랑에 빠지는 것처럼 대번에 뜨겁게 느끼는 마음도 있지만 대부분은 느린우체통처럼 진심이 가거나 오는데엔 시간이 좀 걸린다. 이런 마음의 속도를 알아채지 못했을 땐 자주 섭섭했고 자꾸만 확인하고 싶었다. 요즘 내가 느끼는 마음은 누군가 오래전에 보낸 마음일 수 있고 짧게는 몇달 길게는 몇년이 걸린 마음도 있을거라 생각하니 우표 붙인 그 마음을 안달내며 못기다린 내가 못마땅하기도 하고 미안하기도 하다. 만물이 익어가는 이 가을에는 마음도 계절처럼 잘 익었음 좋겠다.

Withent77 시간이 지나서야 알게 되는 마음이 있다. 첫눈에 사랑에 빠지는 것처럼 대번에 뜨겁게 느끼는 마음도 있지만 대부분은 느린 우체통처럼 진심이 가거나 오는데엔 시간이 좀 걸린다. 이런 마음의 속도를 깨닫지 못했을 땐 자주 섭섭했고 자꾸만 확인하고 싶었다. 요즘 내가 느끼는 마음은 누군가 오래전에 보낸 마음일 수 있고, 그게 짧게는 몇 달 길게는 몇 년이 걸린 마음도 있을거라 생각하니 우표 붙인 그 마음을 안달내며 못기다린 내가 부끄럽기도 하고 미안하기도 하다. 만물이 익어가는 이 가을에는 마음도 계절처럼 잘 익었으면 좋겠다.

내가 10 을 줘도 상대는 1 을 줄 수도, 3 을 줄 수도 있다. 준 대로 돌려받지 못하기도 하고 준 적도 없는데 100 을 받기도 한다. 바라지 않고 줄 수 있는 마음. 닿지 않았다고 서운해하지 않는 마음. 시간이 오래 걸려서야 비로소 닿게 되는 마음. 마음이 가는 기단도 방법도 모두 다르다. 그러니 채근하지 말자. 마음이 가는데 마음이 닿는데 걸리는 시간을 기다려주자.

withent77

 silvermikim님 외 **520명**이 좋아합니다

withent77 되도록이면 사람을 안만나거나 덜 만나는 시대가 되어서인지. 누구를 만나는지에 더 의미를 두게 된다. 대부분의 시간이 잔잔하게 흘러간다. 외롭지만 공허하지는 않다. 가끔 만나는 친구와의 시간은 더 소중하다. 우리는 마음 속에 가지가 있으면 새가 날아와 둥지를 튼다는 믿음으로 주어진 삶을 성의있게 살자며 술잔 대신 물잔으로 서로의 삶에 건배를 든다. 내 박자 내 속도로 걸어가는 9월.

Withent77 되도록이면 사람을 안 만나거나 덜 만나는 시대가 되어서인지 누구를 만나지는지에 더 의미를 두게 된다. 대부분의 시간이 잔잔하게 흘러간다. 외롭지만 공허하지는 않다. 가끔 만나는 친구와의 시간은 더 소중하다. 우리는 마음 속에 가지가 있으면 새가 날아와 둥지를 튼다는 믿음으로 주어진 삶을 성의 있게 살자며 술잔 대신 물잔으로 서로의 삶에 건배를 든다. 내 박자, 내 속도로 걸어가는 9월.

사람을 만나는 것이 어렵고 조심스러웠던 코로나 시절, 사실은 덜 만나고 집에 있는 시간이 길었던 그 때가 좋았던 집순이.

 withent77

chorong_lee_님 외 **355명**이 좋아합니다

withent77 윌리스는 좋은 글은 "독자를 덜 외롭게 만들어야 한다"고 말했다. 나는 이 글을 읽을 때 덜 외롭다고 느꼈다. 아껴서 읽고 싶은 책에서 이 문장에 줄을 긋고 몇번이고 읽었다. 내 글을 읽을 때 당신이 덜 외로울거라니! 나의 새로운 목표다. 성실히 오늘을 살았고 누끼 따기는 너무 재밌고 신나는 금요일이다.

Withent77 윌리스는 좋은 글은 '독자를 덜 외롭게 만들어야 한다'고 말했다. 나는 이 글을 읽을 때 덜 외롭다고 느꼈다. 아껴서 읽고 싶은 책에서 이 문자에 줄을 긋고 몇번이고 읽었다. 내 글을 읽을 때 당신이 덜 외로울거라니! 나의 새로운 목표다. 성실히 오늘을 살았고 누끼 따기는 너무 재밌고 신나는 금요일이다.

독자를 덜 외롭게 만드는 글을 쓰는 사람. 나의 소망.

 withent77

byminawithyou님 외 **여러 명**이 좋아합니다
withent77 선물 받은 장갑을 아끼다가 겨울이 끝날 것 같아서 들고 나왔다. 아끼다가 소멸되는건 유효기간 만료된 쿠폰 그리고 전하지 못한 마음. 아끼지 말자.

Withent77 선물 받은 장갑을 아끼다가 겨울이 끝날 것 같아서 들고 나왔다. 아끼다가 소멸되는 건 유효기간 만료된 쿠폰 그리고 전하지 못한 마음. 아끼지 말자.

연말에는 유독 '쿠폰 소멸 안내', '적립금 소멸 안내' 같은 문자가 많이 온다. 만료되어 사라진 쿠폰이 되기 전에 전하자.
마음은 그때 그때.

 withent77

dual_holic님 외 **367명**이 좋아합니다

withent77 나는 이해한다는 말을 되도록 아끼는 편이다. 누군가를 이해한다는 것이 얼마나 어려운 일인지 잘 알고 있다. 쉽게 뱉어낸 당신을 이해한다는 라는 말이 상대에게 얼마나 치명적일 수 있는지 겪어봤기에 더욱 아낀다. 국어 사전에 이해하다 라는 동사는 '깨달아 알다' 혹은 '남의 사정을 헤아려 너그러이 받아들이다' 라고 쓰여있다. 깨달아야 비로소 이해할 수 있는 것이다. 라고 내가 3년 전 메모장에 썼던 글을 오늘 아침 다시 읽었다. 인간의 내면 세계가 얼마나 광활하고 복잡한지, 또 주어진 운명을 벗어나고자 할 때 감당해야할 삶의 무게를 짐작해보며 누군가 이해해 보고 싶었던 나의 시도는 3년이 지났지만 실패했다. 다시 아침이다. 이해한다는 말은 넣어둔다. 그냥 오늘을 즐겁게 지낼 생각이다.

Withent77 나는 이해한다는 말을 되도록 아끼는 편이다. 누군가를 이해한다는 것이 얼마나 어려운 일인지 잘 알고 있다. 쉽게 뱉어낸 당신을 이해한다는 라는 말이 상대에게 얼마나 치명적일 수 있는지 겪어봤기에 더욱 아낀다. 국어 사전에 이해하다 라는 동사는 '깨달아 알다' 혹은 '남의 사정을 헤아려 너그러이 받아들이다'라고 쓰여있다. 깨달아야 비로소 이해할 수 있는 것이다. 라고 내가 3년 전 메모장에 썼던 글을 오늘 아침에 다시 읽었다. 인간의 내면 세계가 얼마나 광활하고 복잡한지, 또 주어진 운명을 벗어나고자 할때 감당해야 할 삶의 무게를 짐작해보며 누군가 이해해 보고 싶었던 나의 시도는 3년이 지났지만 실패했다. 나는 아직 이해하지 못했다. 다시 아침이다. 이해한다는 말을 넣어둔다. 그냥 오늘을 즐겁게 지낼 생각이다.

테오를 낳기 전 유산을 한 적이 있다. 뱃속에서 잘 자라고 있다고 믿은 아이의 심장이 뛰지 않는다는 것을 알고 수술을 하고 돌아와서는 사흘 밤낮을 울었다. 그때 누군가 소식을 듣고 내게 전화를 걸어 너무 쉽게 이해할 수 있다는 위로를 건넸다. 나는 그 말이 깊이 상처가 되었다.

그래서 나는 '이해해', '이해할 수 있어' 라는 말을 극도로 아낀다. 내가 섣불리 이해한다는 말이 상처가 될까 봐.

withent77

chorong_lee_님 외 **365명**이 좋아합니다

withent77 어느 날인가 유명 프랜차이즈 중식당에서 밥을 먹고 있는데 옆 테이블에서 어머 임이랑씨 아니예요? 하길래 네? 맞는데요 하니 어머 팬이예요 라고 했다. 갑자기 주변 테이블에 있던 사람들이 동시에 나를 쳐다봤다. 다들 쟤가 누군데?? 하는 표정이었고 나는 미칠 것 같은 마음을 애써 누르고 밥을 마시듯이 먹고 나가는 길에 화장실에 갔다. 손을 씻고 나가려는데 뒤에 있던 다른 분이 제가 잘 몰라서 그러는데 어디 나오는 분인가요? 죄송한데 누구신지 궁금해서요. 라고 했다. 나는 불타는 고구마가 된 얼굴로 아... 저는 아무도 아닙니다. 하고 뛰쳐나왔다. 누가 알아보는 일을 하는 사람도 아닌데 한번씩 이런 날엔.. 인스타에 내 얼굴을 대문짝만하게 올리는 내가 후회스러우면서 한편으론 당신은 누군가요 라는 질문에 네 저는 누구입니다 라고 말하지 못하는 내가 너무 애매한 사람이라는 생각이 들었다. 누구라고 말하기 애매한 사람. 명확한 사

람이 되기까진 좀 더 시간이 오래 걸릴 것 같은데 그때까지도 종종 아니 자주 내 얼굴을 올려보겠다. 글도 더 많이 남겨보겠다.

Withent77 어느 날인가 유명 프랜차이즈 중식당에서 밥을 먹고 있는데 옆테이블에서 어머 임이랑씨 아니에요? 하길래 네? 맞는데요 하니 어머 팬이예요 라고 했다. 갑자기 주변 테이블에 있던 사람들이 동시에 나를 쳐다봤다. 다들 쟤가 누군데? 하는 표정이었고 나는 미칠것 같은 마음을 애써 누르고 밥을 마시듯이 먹고 나가는 길에 화장실에 갔다. 손을 씻고 나가려는데 뒤에 있던 다른 분이 제가 잘 몰라서 그러는데 어디 나오는 분인가요? 죄송한데 누구신지 궁금해서요. 라고 했다. 나는 불타는 고구마가 된 얼굴로 아...... 저는 아무도 아닙니다. 하고는 뛰쳐나왔다.

 누가 알아보는 일을 하는 사람도 아닌데 한번씩 이런 날엔... 인스타에 내 얼굴을 대문짝만하게 올리는 내가 후회스러우면서 한편으론 당신은 누구인가요 라는 질문에 네 저는 누구입니다 라고 말하지 못하는 내가 너무 애매한 사람이라는 생각이 들었다. 누구라도 말하기 애매한 사람. 명확한 사람이 되기까지는 좀 더 시간이 오래 걸릴 것 같은데 그때까지 종종 아니 자주 내 얼굴을 올려보겠다. 글도 더 많이 남겨보겠다.

나는 잘 알려진 사람이 아니다. 그럴만한 일을 하는 사람도 아니다. 그런데 한번씩 아주 가끔씩 용케도 나를 알아보는 사람을 만날 때가 있다. 그럴 때마다 쥐구멍이 있으면 찾아서 들어가고 싶다. 나를 알아본 사람보다 그 주변에 있는 사람들의 반응에 내 얼굴은 홍당무가 된다.

인플루언서의 세계에도 그룹이나 서열이 있다. 보다 많은 팔로워를 가진 사람들은 더 많은 영향력을 가졌다는 반증이 되기에 그것이 곧 힘이고 돈이고 무기가 되기도 한다. 상품을 판매하는 직업으로서도 더 많은 팔로워를 가진 사람은 더 많은 잠재 고객을 가진 거니까, 기업들도 더 많은 숫자의 팔로워를 가진 인기 있는 셀럽에게 더 열렬한 구애를 한다.

사람들은 셀럽을 좋아하고 기업도 셀럽을 좋아하고 그래서 셀럽은 더 큰 힘을 가진다. 나는 이 세계에서 그렇게 힘을 가진 인플루언서는 아닐지 모른다. 어떤 힘을 가지려고 시작한 것도 아니었지만.

어느 날 인플루언서 친구가 술에 취해 나에게 이런 말을 했다.

"넌 ㅈ밥이잖아."
"뭐라고?"
"넌 별 것도 아니라고."

술이 취하지 않았을 때에는 상냥하고 예의 있는 모습이었던 사람이 돌변해서는 자기도 모르게 진심을 뱉어 버렸나 보다.

그래서 그 날 나는 결심했다.
별 것도 아닌지 별 건지는 두고 보자.
그리고 말야. 겉으로 보이는 것으로만 평가를 해버리고는 속마음을 쉽게 들켜 버린 너도 사실 별 것도 아니야.

나의 테오

"아빠 테오가 그러는데 사랑한다고 말할 수 없으면 사랑이 아니래. 그래서 하는 말인데 아빠 사랑해요." 아빠는 힘 없는 얼굴이지만 분명 웃으면서 손을 흔들었다. 사랑이 불행을 막지는 못하지만 회복의 자리에서 우리를 기다려 준다."

 withent77

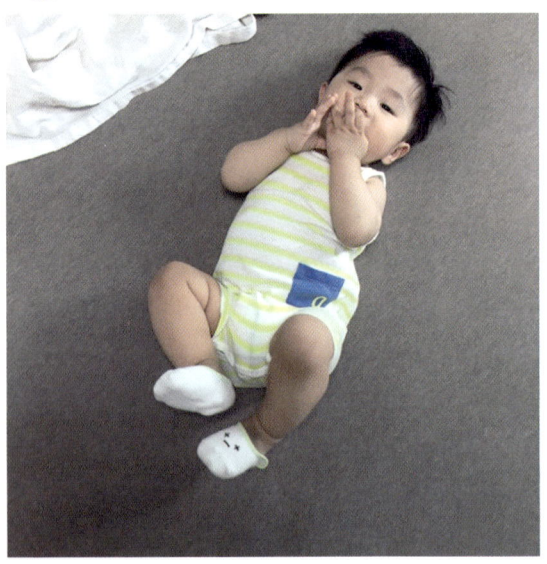

silvermikim님 외 **526명**이 좋아합니다

withent77 우리 테오 태어난지 100일째 되던 날 사진. 테오는 백일잔치도 돌잔치도 없었어. 잔치는 없었지만 그날의 너를 사진에 남기고 싶은 마음에 케이크를 하나 사와서 널 앉혔지. 집에는 너와 나 둘 뿐이었어. 너는 나를 보며 웃었어 그때나 지금이나. 돌이켜 보면 너무 아팠던 시간이지. 가족간 갈등이 극에 달했고 그땐 테오 아빠라도 깨진 유리 조각을 밟는 것 같은 날들이었어. 나의 심신은 테오라는 가느다란 생명의 빛에 의지해 간신히 내 삶을 버티고 있을 때였으니까. 그런 네가 6살이 되다니 정말 너무 감격스럽고 기적이라는 말론 부족해. 예쁜 백일상 돌상 사진을 보면 항상 미안한 마음이 가득했는데 며칠 뒤에 너의 생일이 돌아오니 엄만 벌써부터 설레네. 이만큼 엄마 아가로 살아줘서 엄마가 이만큼 강하게 버텨 왔어. 내일이 막막한 밤엔 널 떠올려. 내가 태어나서 가장 잘 한 일. 너를 낳은 일.

Withent77 우리 테오 태어난 지 100일째 되던날 사진. 테오는 백일잔치도 돌잔치도 없었어. 잔치는 없었지만 그날의 너를 사진에 남기고 싶은 마음에 케이크를 하나 사와서 널 앉혔지. 집에는 너와 나 둘 뿐이었어. 너는 나를 보며 웃었어 그때나 지금이나. 돌이켜보면 너무 아팠던 시간이지. 가족간 갈등이 극에 달했고 그땐 테오 아빠랑도 깨진 유리 조각을 밟는 것 같은 날들이었고. 나의 심신은 테오라는 가느다란 생명의 빛에 의지해 간신히 내 삶을 버티고 있을 때였으니까. 그런 네가 6살이 되다니 정말 너무 감격스럽고 기적이라는 말로도 부족해. 예쁜 백일상 돌상 사진을 보면 항상 미안한 마음이 가득했는데 며칠 뒤에 너의 생일이 돌아오니 엄마는 벌써부터 설레네. 이만큼 엄마 아가로 살아줘서 엄마가 이만큼 강하게 버텨왔어. 내일이 막막한 밤엔 널 떠올려. 내가 태어나서 가장 잘한 일. 너를 낳은 일.

가끔씩 테오가 백일 사진이나 돌 사진에 대해 물어본다. 자기 백일 사진을 보여달라고 할 때마다 너의 백일 사진이 없다는 말을, 아직 하지 못했다. 조금 지나면 조금 더 크면 말해 줘야지 하고는 미루고 있다. 대신에 매년 생일에 가장 정성스럽게 테오의 모습을 사진으로 담아 준다. 돌 사진은 없지만 매년 생일에 커 가는 모습은 기록해 주고 싶어서. 언젠가 테오가 이 책을 읽는 날이 오면 내가 말해 주기 전에 백일 사진도 돌 사진이 없다는 사실을 알게 될지도 모르겠다. 테오야 백일 사진은 못 찍어줘서 미안해. 그래도 엄마가 태어나서 가장 잘한 일은 너를 낳은 일이야.

 withent77

 ah_young_jang님 외 **367명**이 좋아합니다
withent77 엄마는 나의 심장이야. 라고 말해서 나를 쓰러트리는 너. 눈에 보이지 않는 걸 표현하는 법은 언제나 너에게 배우지.
#테오theo

Withent77 엄마는 나의 심장이야. 라고 말해서 나를 쓰러트리는 너. 눈에 보이지 않는 걸 표현하는 법은 언제나 너에게 배우지.
#테오theo

가끔은 평소 내가 자주 쓰지도 않는 어휘들을 쓰거나 '벌써 이런 말을 알고 있나?' 할 만한 단어들을 꺼내서 나를 놀라게 한다. 어린이의 사랑 공격은 꽤나 적극적인데, 잊지 못할 공격 중 하나.

"엄마는 나의 심장이야."

 withent77

hans_mansion님 외 **419명**이 좋아합니다
withent77 테오가 더 어릴적, 한 품에 거뜬히 안길 아가였을 때 잠든 테오의 정수리나 목덜미에서 나는 달콤함 아가 냄새를 맡는게 좋았다. 누군가 비슷한 이야길 한 적이 있는데 아마도 그 무렵 내 희망은 아이 목덜미에서 나는 달콤한 냄새였던 것 같다.

지금도 나는 마음이 말라서 바스라지는 낙엽 같은 날엔 잠든 테오에게 얼굴을 묻고 보송한 향기를 맡는다. 목덜미 그리고 정수리에서 아직 아가 냄새가 난다. 그렇게 몇 분 안고 있으면 희한하게 마음이 말랑하고 촉촉해진다.

까치집 지은 머리로 시장 단골 오뎅집에서 오뎅 먹고 후식으로 꽈배기 사서 걸어오다 스타벅스에서 잠시 쉬었다 가는 코스를 제일 좋아한다. 나란히 쥬스를 마시다가 엄마 커피 한잔 더 마실래 하니까 직접 주문을 해보겠단다. 카드 쥐어서 일층에 보내놓고는 몰래 따라가 구경하다 귀여워서 남겨본 영상을 몇번이고 돌려보는데 내 마음은 또 희망이 가득해 진다.
#테오theo

Withent77 테오가 더 어릴 적, 한 품에 거뜬히 안길 아가였을 때 잠든 테오의 정수리나 목덜미에서 나는 달콤한 아가 냄새를 맡는게 좋았다. 누군가 비슷한 이야기를 한 적이 있는데 아마도 그 무렵 내 희망은 아이 목덜미에서 나는 달콤한 냄새였던 것 같다.

지금도 나는 마음이 말라서 바스라지는 낙엽 같은 날엔 잠든 테오에게 얼굴을 묻고 보송한 향기를 맡는다. 목덜미 그리고 정수리에서 아직 아가 냄새가 난다. 그렇게 몇 분 안고 있으면 희한하게 마음이 말랑하고 촉촉해진다.

까치집 지은 머리로 시장 단골 오뎅집에서 오뎅을 먹고 후식으로 꽈배기를 사서 걸어오다 스타벅스에서 잠시 쉬었다 가는 코스를 제일 좋아한다. 나란히 쥬스를 마시다가 엄마 커피 한잔 더 마실래 하니까 직접 주문을 해보겠단다. 카드를 쥐어서 일층에 보내 놓고는 몰래 따라가 구경하다 귀여워서 남겨본 영상을 몇번이고 돌려보는데 내 마음은 또 희망이 가득해진다.
#테오theo

아가 시절에만 나는 그 특유의 보송한 냄새가 있다. 어떻게 또 하루를 살아내야 하나 막막하던 날들에

나는 작은 아가 테오의 정수리에 코를 박고 쿵쿵대며 희망을 맡았다. 그 희망의 냄새로 나는 오늘까지 살아있다. 테오는 나를 일으키고 또 살게 하는 나의 지혜, 기쁨, 희망이다.

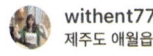 **withent77**
제주도 애월읍

 mmmmmmjung님 외 **424명**이 좋아합니다
withent77 이건 지나가던 선남선녀 커플이 찍어주신 사진. 예쁜 사람이 사진도 잘 찍어.. 테오는 출장 열흘 전부터 카운트다운을 했고 낮잠을 잔 날은 두 번 잤으니 이틀씩 빼주면 안되냐고 했다. 이만큼이나 손꼽아 기다린 제주니까 꾹꾹 눌러서 신나게 놀자. 많이 웃고 사랑하자🤍
#제주 #테오theo

Withent77 이건 지나가던 선남선녀 커플이 찍어주신 사진. 예쁜 사람이 사진도 잘 찍어. 테오는 출장 열흘 전부터 카운트다운을 했고 낮잠을 잔 날은 두 번 잤으니 이틀씩 빼주면 안되냐고 했다. 이만큼이나 손꼽아 기다린 제주니까 꾹꾹 눌러서 신나게 놀자. 많이 웃고 사랑하자.
#제주 #테오theo

테오는 여행이 시작되기 전 두 밤을 깎아 달라고 했을 정도로 기다린 출장이었다. 테오에게는 아빠의 부재라는 결핍이 있겠지만 다른 환경의 아이들과는 다른 차원의 기쁨이나 사랑도 분명이 있다고 믿는다. 학교에서 가족에 대한 발표를 할 때 우리 가족 숫자가 분명 가장 적을 수 있다고 일러 두었다. 회사 이모 삼촌처럼 혼자 사는 1인 가족도 있고 할머니 할아버지까지 같이 사는 10인 가족도 있는 거야. 우리 가족은 테오와 엄마 두 명인 거고. 이렇게 이야기해 둔 덕분에 '나의 가족' 발표 시간에 테오는 씩씩하게 발표하고 전혀 움츠러드는 기색이 없었다고 한다. 거봐 테오야, 전교에서 엄마 따라 (학교 빠지고) 출장 가는 아이는 너 밖에 없을 거야. 그것도 전 세계로.

withent77

hans_mansion님 외 **625명**이 좋아합니다
withent77 왕복 4km 정도를 걸었다. 떡볶이도 사먹고 카페에서 쫑알쫑알 수다도 떨고 길가에 핀 꽃들을 잔뜩 봤다. 집 앞에서 배드민턴 치는 걸로 마무리하는 평범한 날들.
#배드민턴 #테오theo

Withent77 왕복 4km 정도를 걸었다. 떡볶이도 사먹고 카페에서 쫑알쫑알 수다도 떨고 길가에 핀 꽃들을 잔뜩 봤다. 집 앞에서 배드민턴 치는 것으로 마무리하는 평범한 날들.
#배드민턴 #테오theo

테오는 잘 걷는 아이다. 브리즈번 여행에 갔을 때 버스를 타고 또 걷고 뛰기도 하면서 그 뜨거운 호주 여름 태양 아래서도 힘들다거나 걷기 싫다고 한 적이 없었다. 그 때 알았다. 잘 걷는 아이고 나와 오래도록 여행을 같이 할 수 있는 친구라는 걸.

withent77

withent77 어떨 땐 내 몸 하나 건사하기도 힘든 나도 누군가에겐 꼭 필요한 존재일 수 있다는 깨달음이 또 하루를 살게 한다. 내일은 테오 소풍, 내가 싸주는 도시락을 엄청 기다린다. 장을 잔뜩 봐서 퇴근했음. 암, 엄마가 김밥왕인데.

Withent77 어떨 땐 내 몸 하나 건사하기도 힘든 나도 누군가에게는 꼭 필요한 존재일 수 있다는 깨달음이 또 하루를 살게 한다. 내일은 테오 소풍. 내가 싸주는 도시락을 엄청 기다린다. 장을 잔뜩 봐서 퇴근했다. 암, 엄마가 김밥왕인데.

내가 생명을 낳아 키우고 있다는 건 매 순간 신비롭고 놀라운 일이다. 젖먹이 아이는 엄마의 젖으로만 살 수 있고, 세상의 전부는 엄마다. 내가 살아가는 가장 큰 이유가 되기도 하는, 어떨 때는 단어만 봐도 뭉클해지는 말, 엄마.

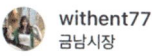

withent77
금남시장

♡ 2youngs님 외 **431명**이 좋아합니다
withent77 주말 아침이면 일찍 일어나는 편인 나보다 더 부지런히 일어나 나를 깨운다. 시장가자고. 오뎅 먹으러 가자고. 일어나서는 시장이 열릴 때까지 오늘은 어묵을 몇꼬치 먹을거라는 호기롭고 귀여운 허세를 들어야 한다. 시장에 가는 길은 굉장히 여러가지인데 그 날 컨디션이나 날씨 등에 따라 토론을 통해 정한다. 이번주는 버스타고 가서 올 때는 걸어오기로 했다.

길거리 오뎅이라고 다 같은게 아니다. 어묵 끓이는 커다란 들통이며, 손님들 다녀가면 재빠르게 흐른 국물과 자리 정돈하는 손놀림, 간장 종지며 간단한 집기들 마저 집안 살림 마냥 깔끔한거 보면 사장님 성격이 보인다. 너는 하얀 어묵 나는 빨간 어묵 신나게 먹다보면 꼬치가 쌓이는데 지난주보다 2개를 더 먹었다며 신나한다.

오뎅투어를 마치고 길을 건너면 본격적으로 시장이 펼쳐진다. 네모난 가판 위에 계절이 올라가 있다. 연시 홍시로 노랗고 빨갛게 물든 과일집, 제철 해산물을 파는 가게, 족발집 등을 지나면 두번째 목적지 꽈배기집이 나온다. 깨끗한 기름에 소량으로 그때그때 튀겨주는 집. 너는 꽈배기 나는 찹쌀도너츠. 설탕 넣을까요? 하시면 우리는 짠듯이 큰소리로 네!!! 꽈배기 봉투에 설탕을 한스푼 넣어주시는데 꽈배기 봉지를 들고 걷다보면 이리저리 제멋대로 흔들리며 설탕이 맛있게 묻는다.

올 때와는 다른 길로 걸어서 집에 가는 길. 주말엔 오뎅 먹으러 시장 오는게 꿀잼이라는 아이. 작은 손을 꼭 잡고 걷다보면 아 이런 즐거움은 언제까지 일까 하는 생각이 든다. 내 예상으론.. 내년 정도만 되어도 친구들하고 게임하러 가거나 축구하러 가는 게 더 재밌을 거 같은데.. 언제까지 엄마랑 시장에 놀러올거야? 하면 자기가 80살까지 란다. 영원하지 않을 순간을 영원하길 바라보는 것. 영원하지 않은 걸 알아서 더 소중한 순간들. 매운 어묵 때문인지 뜨거운 것이 속에서 꼼지락댄다. 매주 시장에 오는 이유.

Withent77 주말 아침이면 일찍 일어나는 편인 나보다 더 부지런히 일어나 나를 깨운다. 시장 가자고. 오뎅 먹으러 가자고. 일어나서는 시장이 열릴 때까지 오늘은 어묵을 몇꼬치 먹을거라고 호기롭고 귀여운 허세를 들어야 한다. 시장에 가는 길은 굉장히 여러가지인데 그 날 컨디션이나 날씨 등에 따라 토론을 통해 정한다. 이번주는 버스를 타고 가서 올 때는 걸어오기로 했다.

길거리 오뎅이라고 다 같은게 아니다. 어묵 끓이는 커다란 들통이며, 손님들이 다녀가면 재빠르게 흐른 국물과 자리를 정돈하는 손놀림, 간장 종지며 간단한 집기들 마저 집안 살림 마냥 깔끔한 거 보면 사장님 성격이 보인다.

너는 하얀 어묵 나는 빨간 어묵을 신나게 먹다보면 꼬치가 쌓이는데 지난주보다 2개를 더 먹었다며 신나한다.

오뎅투어를 마치고 길을 건너면 본격적으로 시장이 펼쳐진다. 네모난 가판 위에 계절이 올라가 있다. 연시 홍시로 노랗고 빨갛게 물든 과일집. 제철 해산물을 파는 가게. 족발집 등을 지나면 두번째 목적지인 꽈배기집이 나온다. 깨끗한 기름에 소량으로 그때그때 튀겨주는 집. 너는 꽈배기 나는 찹쌀 도너츠. 설탕 넣을까요? 하시면 우리는 짠 듯이 큰소리로 네! 꽈배기 봉투에 설탕을 한스푼 넣어 주시는데 꽈배기 봉지를 들고 걷다보면 이리저리 제멋대로 흔들려 설탕이 맛있게 묻는다.

올 때와는 다른 길로 걸어서 집에 가는 길. 주말엔 오뎅 먹으러 시장 오는게 꿀잼이라는 아이. 작은 손을 꼭 잡고 걷다보면 아 이런 즐거움은 언제까지 일까 하는 생각이 든다. 내 예상으로는...... 내년 정도만 되어도 친구들하고 게임하러 가거나 축구하러 가는 게 더 재밌을 것 같으네. 언제까지 엄마랑 시장에 놀러올거야? 하면 자기가 80살까지 란다. 영원하지 않을 순간을 영원하길 바라보는 것. 영원하지 않을 걸 알아서 더 소중한 순간들. 매운 어묵 때문인지 뜨거운 것이 속에서 꼼지락댄다. 매주 시장에 오는 이유.

주말엔 시장에 종종 간다. 네모난 가판 위에 계절이 올라가 있다. 여름엔 수박이 가을엔 연시가 올라가 있는 가판대 구경은 언제나 즐겁다. 테오랑 걸어서 시장 이곳 저곳을 다니다 보면 내 손을 꼭 쥔 테오의 온기가 전해져서 갑자기 뭉클해지는 순간이 있다. 언제까지 내 손을 이렇게 잡고 같이 다닐지 상상도 해본다. 영원하지 않을 순간을 영원하길 바라본다.

 withent77

hans_mansion님 외 **463명**이 좋아합니다
withent77 계곡물에 발도 담그고 백숙 닭다리도 뜯고 물놀이도 실컷했다. 아프다던 아이는 엄마가 바빠서 걸린 심심병이었던게 분명하다. 세상 근심은 계곡물 깊숙히 던졌다. 우린 지금 행복할 뿐.
#여름방학

Withent77 계곡물에 발도 담그고 백숙 닭다리도 뜯고 물놀이도 실컷 했다. 아프다던 아이는 엄마가 바빠서 걸린 심심병이었던 게 분명하다. 세상 근심은 계곡물 깊숙이 던졌다. 우린 지금 행복할 뿐.
#여름방학

너의 첫 초등학교 여름방학은 이렇게 기억되지 않을까.

처음 놀러가 본 계곡에서 백숙 다리도 뜯고 차가운 물에서 물총 싸움도 하고 젖은 옷가지 그대로 입고 여기 저기 걸어 다니며 아이스크림 먹고 까만 밤이 되도록 이야기하고 보드게임 하며 별 세던 밤.

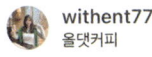 withent77
올댓커피

 chorong_lee_님 외 **466명**이 좋아합니다
withent77 아이스크림이 올라간 와플이 먹고 싶어 그래? 난 커피가 마시고 싶은데. 그럼 와플과 커피가 있는 곳에 가면 되겠네. 은근 취향이 맞는다. 커피를 마시곤 책이 엄청 많은 곳에 갔다가 인형 뽑기를 하자고 했다. 테오는 사랑한다고 말할 수 없으면 아무 소용이 없다는 이야길 했다. 나는 말문이 막혔다. 그렇지 사랑한다고 말할 수 없으면 소용이 없지 그러니 부지런히 사랑한다고 말해야지 곁에 있을때. 오늘 읽은 책에서 사랑은 마음에 탄력을 준다고 했다. 심신을 고무줄처럼 늘어나게도 하고 돌아오게도 한다고. 사랑은 불행을 막지 못하지만 회복의 자리에서 우리를 기다린다.

Withent77 아이스크림이 올라간 와플이 먹고 싶어. 그래? 난 커피가 마시고 싶은데. 그러면 와플과 커피가 있는 곳에 가면 되겠네. 은근 취향이 맞는다. 커피를 마시고는 책이 엄청 많은 곳에 갔다가 인형 뽑기를 하자고 했다. 테오는 사랑한다고 말할 수 없으면 아무 소용이 없다는 이야기를 했다. 나는 말문이 막혔다. 그렇지. 사랑한다고 말할 수 없으면 소용이 없지. 그러니 부지런히 사랑한다고 말해야지 곁에 있을 때. 오늘 일은 책에서 사랑은 마음에 탄력을 준다고 했다. 심심을 고무줄처럼 늘어나게도 하고 돌아오게도 한다고. 사랑은 불행을 막지 못하지만 회복의 자리에서 우리를 기다린다.

"사랑한다고 말 할 수 없으면 사랑이 아니래."

나는 이 이야기를 듣고 심장 수술을 하게 된 아빠 병원에 가서 같은 이야기를 전했다. 수술 후 아빠는 중환자실에 입원해 있을 때였고 잠깐의 면회를 뒤로 하고 아빠는 다시 병실도 들어갈 때였다.

"아빠 테오가 그러는데 사랑한다고 말할 수 없으면 사랑이 아니래. 그래서 하는 말인데 아빠 사랑해요." 아빠는 힘없는 얼굴이지만 분명 웃으면서 손을 흔들었다. 사랑이 불행을 막지는 못하지만 회복의 자리에서 우리를 기다려 준다.

withent77

moonimo_ony_님 외 **524명**이 좋아합니다

withent77 두려움을 극복하기 위해 부단히 노력하지만 사실은 그 두려움 때문에 살고 있기도 하다. 테오가 태어난지 얼마 안됐을 땐 이 작은 생명을 지키지 못하면 어쩌나 하는 두려움 크면서는 내가 무너지면 어쩌나 하는 두려움 일을 하면서는 회사를 잘 운영하지 못하면 어쩌나 하는 두려움. 그 두려움들은 지치지도 않고 나를 매일 따라다닌다. 차라리 그 두려움과 함께 살아가고 있다는 말이 더 맞을 것 같다. 아니 그 두려운 마음 덕분에 살아지는 건지도. 두려움이라는 말은 나에겐 잃지 않으려는 마음. 소중함 같은 말로 바꿔도 무방할 것 같다. 소중한 걸 지키고 싶은 마음. 그 두려운 마음이 오늘 나의 씩씩함과 행복의 뿌리 같다. 매년 테오의 생일엔 사진을 찍기로 했고 오늘은 테오의 생일. 일년동안 자란 아이의 모습과 주름이 늘어가는 내 모습을 기록하다보면 테오가 내 키를 따라잡는 날이 오겠지.

#가족사진

Withent77 두려움을 극복하기 위해 부단히 노력하지만 사실은 그 두려움 때문에 살고 있기도 하다. 테오가 태어난 지 얼마 안됐을 때는 이 작은 생명을 지키지 못하면 어쩌나 하는 두려움, 크면서는 내가 무너지면 어쩌나 하는 두려움, 일을 하면서는 회사를 잘 운영하지 못하면 어쩌나 하는 두려움. 그 두려움들은 지치지도 않고 나를 매일 따라다닌다. 차라리 그 두려움과 함께 살아가고 있다는 말이 더 맞을 것 같다. 아니 그 두려운 마음 덕분에 살아지는 것인지도. 두려움이라는 말은 나에게 잃지 않으려는 마음, 소중함 같은 말로 바꿔도 무방할 것 같다. 소중한 걸 지키고 싶은 마음. 그 두려운 마음이 오늘 나의 씩씩함과 행복의 뿌리 같다. 매년 테오의 생일엔 사진을 찍기로 했고 오늘은 테오의 생일. 일년동안 자란 아이의 모습과 주름이 늘어가는 내 모습을 기록하다 보면 테오가 내 키를 따라잡는 날이 오겠지.
#테오theo

매일 나는 두렵다. 내가 이 삶을, 이 생명을, 이 책임을 감당하고 살 수 있는 사람일지 그럴 만한 능력이 주어진 사람인지 매일 의심한다. 하지만 그 두려움 덕분에 살고 있다. 두려움이 나를 단단하게 하고 우리 삶의 뿌리가 되어 준다. 앞으로도 나는 매일 두려울 것 같다. 소중한 것을 잃지 않고 또 지키려는 그 두려움과 함께 잘 살아가야겠다.

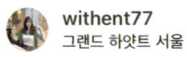
withent77
그랜드 하얏트 서울

♡ 542명이 좋아합니다
chorong_lee_ 님 외 **542명**이 좋아합니다
withent77 이제 글을 잘 읽을 수 있게 된 내 친구는 나의 긴 생일 카드를 또박또박 읽는데 (내가 쓴건데) 왜 내가 뭉클하지. 아 오늘 같은 날엔 나도 이렇게 말하고 싶다. 행복 그 잡채....
#HBD #테오theo

Withent77 이제 글을 잘 읽을 수 있게 된 내 친구는 나의 긴 생일 카드를 또박또박 읽는데 (내가 쓴건데) 왜 내가 뭉클하지. 아 오늘 같은 날에는 나도 이렇게 말하고 싶다. 행복 그 잡채.
#HBD #테오theo

보통 진심이 담긴 편지는 받는 사람이 읽으면서 감동을 받는 건데, 거꾸로 되었는지.

테오에게 생일카드를 쓰는 날엔 그렇게 눈물이 난다. 주는 사람이 더 우는 생일 편지. 아마도 자식에 대한 사랑은 그런 건가 보다. 주면서도 부족하고 아쉽고 눈물이 나는 그런 마음. 너도 자식 낳아 보면 알게 될 거라던 마음, 정말 낳아 보니 알게 된 것 같다.

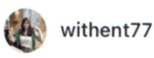 withent77

hans_mansion님 외 480명이 좋아합니다
withent77 코로나 확진으로 격리중일때 우연히 기고 요청을 받아 쓰게된 글이 어린이뉴스라는 매체에 실렸어요. '아이를 초등학교에 입학 시킨 엄마의 마음'에 대한 글을 써달라는 요청이었어요. 테오가 펑펑 울던 날 쓴 글이었는데 테오에겐 미안하지만 그 모습마저 귀여워서 남겨뒀던 사진이 있네요. 좀 길어서 여기에 다 올리긴 어렵고, 수줍지만 칼럼 형태로 쓴 글이 독자에게 어떻게 읽힐까 궁금함을 참지 못하고 프로필에 링크 올려뒀어요. 저는 글을 쓸때가 가장 나다운 것 같아요.

<쪼그라들지 않는 마음>

아이가 폭포수처럼 눈물을 쏟아낸다. 얼굴은 베개에 묻고 한 손에는 큐브가 들려있다. 아이는 요즘 큐브에 빠져있다. 초등학교 입학한지 얼마 되지 않았는데 그 중에서 아이가 가장 기다리는 시간은 방과후 수업으로 선택한 큐브 수업. 처음에는 도대체 컬러를 어떻게 맞춰내는지 그저 신기해 했는데 한두번 배우더니 금세 한 면 정도는 뚝딱 맞추는 실력이 되었다.<중략>

아이는 어른과 달라서 마음의 복원력, 즉 '회복탄력성'이 뛰어나다. 세상이 떠나가게 엉엉 울다가도 울음이 그치고 나면 또 즐거움을 찾아 나서고 금세 까르르 웃기도 한다. 슬픔을 마음에 오래 담아 두지 않는 맑음, 언제든 새로운 기쁨과 사랑을 맞이할 준비가 되어있는 아이의 깨끗한 마음이 새삼 부럽다. 쪼그라들지 않는 마음, 가끔 쪼그라들었다가도 금세 팽팽하게 부풀어 원래의 모양으로 돌아오는 짱짱한 마음의 고무줄을 지닌 어린이의 이런 마음이야말로 부모로서 내가 아이에게 가능한 오래도록 지켜주고 싶은 일이다. 실패나 실수가 있어도 그래서 좌절이 와도 원래의 마음으로 돌아오는 힘을 지닌, 그래서 새로운 도전을 거침없이 하고 다양한 경험 속에 아이의 삶이 풍부해 지기를 바라 마지 않는다.

#테오theo #8세 #워킹맘 #글

Withent77 코로나 확진으로 격리 중일 때 우연히 기고 요청을 받아 쓰게된 글이 어린이뉴스라는 매체에 실렸어요. '아이를 초등학교에 입학 시킨 엄마의 마음'에 대한 글을 써달라는 요청이었어요. 테오가 펑펑 울던 날 쓴 글이었는데 테오에게는 미안하지만 그 모습마저 귀여워서 남겨뒀던 사진이 있네요. 조금 길어서 여기에다 올리기는 어렵고, 수줍지만 칼럼 형태로 쓴 글이 독자에게 어떻게 읽힐까 궁금함을 참지 못하고 프로필에 링크를 올려 뒀어요. 저는 글을 쓸 때가 가장 나다운 것 같아요.

<쪼그라들지 않는 마음>

아이가 폭포수처럼 눈물을 쏟아낸다. 얼굴은 베개에 묻고 한 손에는 큐브가 들려 있다. 아이는 요즘 큐브에 빠져 있다. 초등학교 입학한 지 얼마 되지 않았는데 그 중에 아이가 가장 기다리는 시간은 방과후 수업으로 선택한 큐브 수업. 처음에는 도대체 컬러를 어떻게 맞춰내는지 그저 신기했는데 한두번 배우더니 금세 한 면 정도는 뚝딱 맞추는 실력이 되었다. <중략>

아이는 어른과 달라서 마음의 복원력, 즉 '회복탄력성'이 뛰어나다. 세상이 떠나가게 엉엉 울다가도 울음이 그치고 나면 또 즐거움을 찾아 나서고 금세 까르르 웃기도 한다. 슬픔을 마음에 오래 담아지 않는 맑음, 언제든 새로운 기쁨과 사랑을 맞이할 준비가 되어있는 아이의 깨끗한 마음이 새삼 부럽다. 쪼그라들지 않는 마음, 가끔 쪼그라들었다가도 금세 팽팽하게 부풀어 원래의 모양으로 돌아오는 짱짱한 마음의 고무줄을 지닌 어린이의 이런 마음이야말로 부모로서 내가 아이에게 가능한 오래도록 지켜주고 싶은 일이다. 실패나 실수가 있어도 그래서 좌절이 와도 원래의 마음으로 돌아오는 힘을 지닌, 그래서 새로운 도전을 거침없이 하고 다양한 경험 속에 아이의 삶이 풍부해지기를 바라 마지 않는다.
#테오theo #8세 #워킹맘 #글

마음의 회복 탄력성이야말로 부모로서 가능한 오래도록 지켜주고 싶은 부분이다. 쪼그라들었던 마음이 금세 팽팽하게 부푸는 마음의 힘. 나의 부모가 나의 유년기와 학창 시절에 주었던 가장 큰 선물이 '경험'이었던 것처럼. 가능한 모든 것을 경험함으로써 도전과 실패 슬픔과 기쁨과 희열 사랑과 이별까지도 너의 삶이 풍부해지도록 돕고 싶다.

 withent77

     hans_mansion님 외 **466명**이 좋아합니다

withent77 내가 낳았지만 테오는 나와 같은 듯 또 많이 다르다. 테오는 나에게 없는 쿨함이 있다. 나는 세심하게 사람을 살피는 편인데 꼭 준만큼 받으려는 건 아니지만 (나도 모르게) 세심한 관심을 바랄때가 있다. 바라는 것의 형태는 대부분 다정한 말, 눈빛 그러니까 마음 이런건데 사람마다 크기와 방법이 생긴 것만큼이나 다양한거라 애초에 기대한다는 것 자체가 말이 안되는거다. 아는데도 가끔 서운하다. 상대의 반응에는 아랑곳하지 않고 느끼는대로 마음을 표현하고 또 준 마음에 대해선 주면 끝이다 여기는 테오의 쿨함이 부럽다. 그래서 내가 사랑으로 이 아이를 기르고 있다고 생각하지만 실은 테오가 나에게 사랑에 대해 가장 많이 가르쳐준다. 받을 것을 바라지 않고 양껏 사랑하는 법.

#주말 #테오theo

Withent77 내가 낳았지만 테오는 나와 같은 듯 또 많이 다르다. 테오는 나에게 없는 쿨함이 있다. 나는 세심하게 사람을 살피는 편인데 꼭 준만큼 받으려는 건 아니지만 (나도 모르게) 세심한 관심을 바랄 때가 있다. 바라는 것의 형태는 대부분 다정한 말, 눈빛 그러니까 마음 이런 것인데 사람마다 크기와 방법이 생긴 것만큼이나 다양한 거라 애초에 기대한다는 것 자체가 말이 안되는 거다. 아는데도 가끔 서운하다. 상대의 반응에는 아랑곳하지 않고 느끼는대로 마음을 표현하고 또 준 마음에 대해서는 주면 끝이다 여기는 테오의 쿨함이 부럽다. 그래서 내가 사랑으로 이 아이를 기르고 있다고 생각하지만 실은 테오가 나에게 사랑에 대해 가장 많이 가르쳐준다. 받을 것을 바라지 않고 양껏 사랑하는법.
#주말 #테오theo

내가 테오를 기르고 있지만 사랑에 대해서는 테오가 나에게 더 많은 것을 가르쳐 준다. 받을 것을 바라고 주는 건 어쩌면 진짜 사랑이 아니라는 걸 증명이라도 하듯 테오는 주는 자체의 기쁨과 사랑을 나에게 보여 준다. 매일, 그것도 가득.

 withent77

silvermikim님 외 **여러 명**이 좋아합니다
withent77 살면서 두고두고 회자될 하루 중 하나일 입학식에 다녀왔고 하기로 마음 먹은 일들을 즐거운 마음으로 해낸다. 사소한 것들의 힘을 믿고 있다. 결국 우리를 힘들게 하는 것도 사소한 일들이고 우리를 웃게하는 것도 사소한 일들이니까. 요즘 이 사소한 것들에 대해 수집하는 과정이 너무 재밌다. 나의 일기장이 다정함과 사랑의 기록이 되었으면 좋겠다.

Withent77 살면서 두고두고 회자될 하루 중 하나일 입학식에 다녀왔고 하기로 마음 먹은 일들을 즐거운 마음으로 해낸다. 사소한 것들의 힘을 믿고 있다. 결국 우리를 힘들게 하는 것도 사소한 일들이고 우리를 웃게 하는 것도 사소한 일들이니까. 요즘 이 사소한 것들에 대해 수집하는 과정이 너무 재밌다. 나의 일기장이 다정함과 사랑의 기록이 되면 좋겠다.

아가였던 우리 테오가 초등학교에 입학하던 날. 내 손가락을 움켜쥐고 아장아장 걷던 네가 뛰어서 운동장을 가로질러 나에게 달려오더라. 힘든 날도 많겠지만 그래도 많은 날들이 입학식 사진 속 웃고 있는 우리처럼 아름다울 거야.
  사랑해 나의 테오.

withent77

byminawithyou님 외 여러 명이 좋아합니다
withent77 화이자 2차 후유증으로 격한 며칠을 보냈다. 오랜만에 사무실에서 밀린 일 하는 중에 걸려온 전화. 어머니 여기 음악학원인데요. 테오를 지금 데릴러 오시는게 좋을 것 같아요. 왜요? 무슨 일 있나요? 아.. 그게.. 테오가 살짝 바지에 실례를 한 것 같은데요. 네?? 테오가요? 쉬요? 응가인가요? 어머니 뒤에께 같아요.. 아 네. 선생님 테오한테 금방 간다고 말해주세요. 다급하게 엄마한테 sos를 하고 다시 선생님한테 전화해서 테오 좀 바꿔달라고 했다. 답이 없던 수화기 너머 아주 작은 목소리로 엄마.. 나 부끄러워... 갑자기 내 마음이 쿵 하고 떨어졌다. 부끄러운 감정을 아는 나이지 그치. 테오야.. 괜찮아 애기는 그럴 수 있어. 넌 아직 학교도 안갔고 애기잖아. 엄마도 어릴 때 그랬어. 할머니가 엄청 금방 간대. 걱정마 하고 전화를 끊었다. 당장 테오한테 가야겠다는 마음이 들어서 황급히 사무실을 나왔다. 테오한테 뭐라고 말해줄까. 두가

지가 마음에 걸린다. 음악학원에서 바이올린/피아노 두가지를 배우는데 하필 오늘은 피아노날, 테오가 제일 좋아하는 피아노 선생님과 있을때 이런 일이 발생했다. 두번째는 요즘 스스로 형이라고 알고 있는데 아이가 느꼈을 수치심에 대해서 어떻게 말해줄까. 테오를 데리고 무작정 밖으로 나왔다. 젤 좋아하는 갈비집에 갔다. 엄마가 젤 좋아했던 남자 앞에서 했던 최고의 실수담을 말해줬더니 엄마도 그랬어? 하며 좀 마음이 누그러든 것 같았다. 그리고 내 실제 경험담.. 6살때 유치원에서 응가해서 하원길 스쿨버스에서 선생님이 알아차릴까 마음 조리다가 집에 와서 꿀먹은 벙어리처럼 서 있다가 가족에게 발각된 스토리를 말해줬다. 사실 나는 그날이 너무 생생히 기억난다. 30년도 훨쩍 지난 일인데 기억이 나네. 그래서 오늘 테오한테 달려왔다. 쫄지마. 얌마 엄마도 그랬어. 별일 아니야. 그리고 무슨 일이 있어도 엄마는 니 편.
#엄마과거두개와맞바꾼위로
#테오theo

    Withent77 화이자 2차 후유증으로 격한 며칠을 보냈다. 오랜만에 사무실에서 밀린 일을 하는 중에 걸려온 전화. 어머니 여기 음악 학원인데요. 테오를 지금 데리러 오시는 게 좋을 것 같아요. 왜요? 무슨 일 있나요? 아... 그게... 테오가 살짝 바지에 실례를 한 것 같은데요. 네? 테오가요? 쉬를요? 응가인가요? 어머니 뒤에꺼 같아요. 아네. 선생님 테오에게 금방 간다고 말해 주세요.

    다급하게 엄마에게 SOS를 하고 다시 선생님에게 전화를 해서 테오를 바꿔달라고 했다. 답이 없던 수화기 너무 아주 작은 목소리로 엄마... 나 부끄러워......하는데 갑자기 내 마음이 쿵 하고 떨어졌다. 부끄러운 감정을 아는 나이지. 그치. 테오야... 괜찮아 애기는 그럴 수 있어. 넌 아직

학교도 안갔고 애기잖아. 엄마가도 어릴 때 그랬어. 할머니가 엄청 금방 간대. 걱정마. 하고는 전화를 끊었다. 당장 테오에게 가야겠다는 마음이 들어서 황급히 사무실을 나왔다. 테오한테 뭐라고 말해줄까. 두가지가 마음에 걸린다. 음악학원에서 바이올린과 피아노 두가지를 배우는데 하필 오늘은 피아노 수업날, 테오가 제일 좋아하는 선생님과 있을 때 이런 일이 발생했다. 두번째는 요즘 스스로 형아라고 알고 있는데 아이가 느꼈을 수치심에 대해서 어떻게 말해줄까. 테오를 데리고 무작정 밖으로 나왔다. 제일 좋아하는 갈비집에 갔다. 엄마가 제일 좋아했던 남자 앞에서 했던 최고의 실수담을 말해줬더니 엄마도 그랬어? 하며 마음이 좀 누그러든 눈치다. 그리고 내 실제 경험담. 6살 때 유치원에서 응가해서 하원길 스쿨버스에서 선생님이 알아차릴차릴까봐 마음 조리다가 집에 와서 꿀먹은 벙어리처럼 서 있다가 가족에서 발각된 스토리를 말해줬다.
사실 나는 그날이 너무 생생히 기억난다. 30년도 훌쩍 지난 일인데 기억이 나네. 그래서 오늘 테오한테 달려왔다. 쫄지마 임마. 엄마도 그랬어. 별일 아니야. 그리고 무슨 일이 있어도 엄마는 네 편.
#엄마과거두개와맞바꾼위로
#테오theo

테오야 엄마도 그랬었어.

withent77

moonimo_ony_님 외 **400명**이 좋아합니다
withent77 실패에 대한 두려움 보다는 더 잘 할 수 있었는데 하는 아쉬움에 대한 두려움이 있다. 동생 테오에게 보낸 고흐의 편지에는 의욕적으로 일하려면 실수를 두려워해서는 안된다고 적혀있었다. 실수를 저지르지 않으려고 자신의 침체와 평범함을 숨기지 말라고. 오늘도 크고 작은 실패와 사소한 성공을 만날 준비를 한다.

Withent77 실패에 대한 두려움 보다는 더 잘할 수 있었는데 하는 아쉬움에 대한 두려움이 있다. 동생 테오에게 보낸 고흐의 편지에는 의욕적으로 일하려면 실수를 두려워해서는 안된다고 적혀있었다. 실수를 저지르지 않으려고 자신의 침체와 평범함을 숨기지 말라고. 오늘도 크고 작은 실패와 사소한 성공을 만날 준비를 한다.

테오에게.

 의욕적으로 일하려면 실수를 두려워해서는 안 된다. 사람들은 흔히 잘못을 저지르지 않으면 훌륭하게 될 거라 말하지. 하지만 그건 착각이야. 너도 그런 생각은 착각이라고 말했잖아. 그들은 그런 식으로 자신의 침체와 평범함을 숨기려고 해.

1884년 10월 빈센트

 withent77

ziz0210님 외 **545명**이 좋아합니다

withent77 9월이 온다는건 가을이 오는 것보다 너를 만난 날이 먼저 온다는 것. 3개월 전부터 이제 내 생일 얼마 안남았네? 라고 해서 응?? 아직 멀었어 했는데 손꼽아 기다려 갖고 싶다는 게 1,000원짜리 포켓몬 뽑기 카드라고 하는 너. 7살이 된 내 친구 생일 축하해 테오야 🩵
#생일전야제 #테오theo

Withent77 9월이 온다는 것은 가을이 온다는 것보다 너를 만난 날이 먼저 온다는 것. 3개월 전부터 이제 내 생일이 얼마 안남았네? 라고 해서 응? 아직 멀었어. 라고 했는데, 손꼽아 기다려 갖고 싶다는 것이 1,000원짜리 포켓몬 뽑기 카드라고 하는 너. 7살이 된 내 친구 생일 축하해 테오야.
#생일전야제 #테오theo

매년 테오의 생일에 하는 가족사진 남기기. 일년 동안 자란 아이의 모습과 주름이 늘어가는 내 모습을 기록하다 보면 테오가 내 키를 따라잡는 날이 오겠지.

withent77

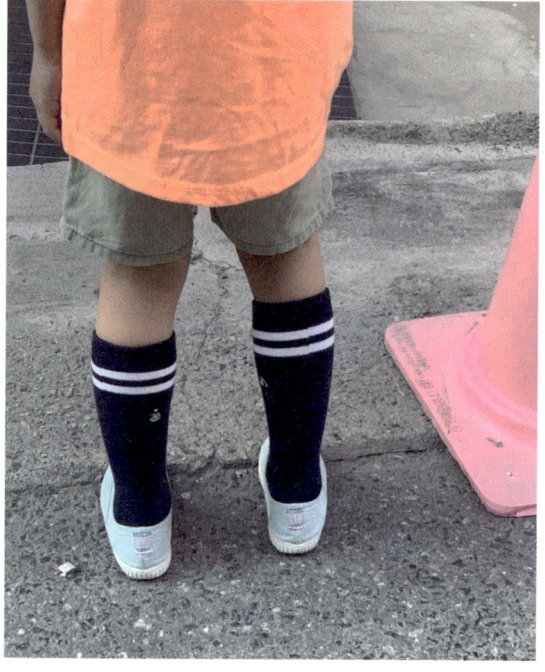

byminawithyou님 외 **407명**이 좋아합니다

withent77 퇴근하고 집 근처 젤라또 데이트를 다녀왔다. 어린이의 세계는 언제나 맑고 재밌다. 아이스크림 하나로 이렇게 쉽게 행복해질 수 있다니. 어린이들은 종종 신발의 좌우를 바꿔신는데(이 구분이 정말 어렵다고 한다) 오늘보니 양말도 오른쪽 왼쪽을 바꿔신는구나. 하긴 '원래' 라는게 없으니 어느쪽으로도 신을 수 있지. 원래 그런거야 라는게 없는 무엇이든 가능한 어린이라는 세계.

Withent77 퇴근하고 집 근처 젤라또 데이트를 다녀왔다. 어린이의 세계는 언제나 맑고 재밌다. 아이스크림 하나로 이렇게 쉽게 행복해질 수 있다니. 어린이들은 종종 신발 좌우를 바꿔신는데 (이 구분이 정말 어렵다고 한다) 오늘 보니 양말도 오른쪽 왼쪽을 바꿔신는구나. 하긴 '원래'라는 게 없으니 어느 쪽으로도 신을 수 있지. '원래 그런거야' 라는게 없는 무엇이든 가능한 어린이라는 세계.

어린이를 키우면서 어린이에게 정말 많은 것을 배운다. 수요일마다 동네에 순대 트럭이 온다. 그런데 어쩐 일인지 몇 주째 트럭이 보이지 않길래 "순대 트럭을 아무리 기다려도 오지를 않네." 했더니 테오가 나에게 그랬다. "엄마 그러면 간절히 기다리지 말아봐, 그러면 올 수도 있잖아."

내가 매일 만나는 '어린이라는 세계'

withent77

moonimo_ony_님 외 **468명**이 좋아합니다
withent77 한 팔로 가뿐히 들던 깃털 같던 아가가 이제는 겨우 두팔로 안고 업는 어린이가 되었다. 나중에 엄마 꼬부랑 할머니 되면 니가 업어주는거 맞지. my best friend ever.
#테오theo

Withent77 한 팔로 가뿐히 들던 깃털 같은 아가가 이제는 두팔로 겨우 안고 업는 어린이가 되었다. 나중에 엄마 꼬부랑 할머니가 되면 네가 업어주는 거 맞지.
My best friend ever.
#테오theo

이제는 두 팔로 번쩍 안아 들기에는 무거워진 나의 테오.

 withent77

 chorong_lee_님 외 여러 명이 좋아합니다

withent77 어김없이 9월이 왔다. 매해 생일에 사진을 찍자고 약속했던 마음이 테오에게 말은 안했지만 사실은 조금 옅어졌었다. 아침 일찍부터 냉동고에 돌덩이처럼 굳어서 먹지도 않던 식자재를 싹 내다버리고 화장실 청소를 했다. 락스가 독하다. 사람이 더 지독하고 인생은 더하다. 주말 내내 당근을 했다. 무료 나눔으로 물건을 가져가는 분들이 흡족해 하는걸 보는게 좋았다. 시간과 노력이 들었지만 누군가의 삶으로 물건의 생애가 이어진다니 하찮고 보람 있는 일이다. 서랍 정리를 하다가 작년 재작년 재재작년 생일 사진을 모두 봤다. 삶은 어차피 계속되리라는 암시 같았다. 테오가 고른 메

뉴로 밥을 먹고 6개월을 기다린 글러브도 야무지게 골랐다. 어릴 땐 내가 업어줬지만 늙으면 네가 엄마를 업어줘야 할지도 몰라. 지금 해볼게. 하길래 내가 등에 업히는 시늉을 해봤다. 키는 나를 따라 잡고 있지만 업는건 아직 어림도 없네. 생일 축하해 테오.
#이랑테오

Withent77 어김없이 9월이 왔다. 매해 생일에 사진을 찍자고 약속했던 마음이 테오에게 말은 안했지만 사실은 조금 옅어졌었다. 아침 일찍부터 냉동고에 돌덩이처럼 굳어서 먹지도 않던 식자재를 싹 다 내버리고 화장실 청소를 했다. 락스가 독하다. 사람이 더 지독하고 인생은 더하다. 주말 내내 당근을 했다. 무료 나눔으로 물건을 가져가는 분들이 흡족해 하는 걸 보는게 좋았다. 시간과 노력이 들었지만 누군가의 삶으로 물건의 생애가 이어진다니 하찮고 보람 있는 일이다. 서랍 정리를 하다가 작년 재작년 재재작년 생일 사진을 모두 봤다. 삶은 어차피 계속되리라는 암시 같았다. 테오가 고른 메뉴로 밥을 먹고 6개월을 기다린 글러브도 야무지게 골랐다. 어릴 땐 내가 업어줬지만 늙으면 네가 엄마를 업어줘야 할지도 몰라. 지금 해볼게. 하길래 내가 등에 업히는 시늉을 해봤다. 키는

나를 따라잡고 있지만 업는 건 아직 어림도 없네.
　생일 축하해 테오.

　이제는 연례행사가 된 테오의 생일 기념 가족 사진 찍기. 올해는 살짝 건너뛸까 잠시 생각도 했지만 막상 찍고 나서 이 사진들을 보면 마음이 말랑해진다. 마음이 버석거리는 날엔, 가을 날 마른 잎처럼 건드리면 부서질 것 같은 날엔 테오와 찍은 우리의 가족 사진을 꺼내본다. 난 울보라 금방 눈물이 차오른다. 나중에 테오가 크고 나는 더 많이 늙은 날에 매해 생일에 찍은 사진을 모아서 함께 보며 우리는 어떤 이야기들을 나누게 될까. 이 기대로 또 하루를 살아낸다.

엄마가 되고 나서야
알게 된 것들

아빠처럼 다정한 사람이 좋아.
케이블카 타려고 설악산에 간다는 사람.

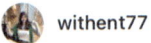 withent77

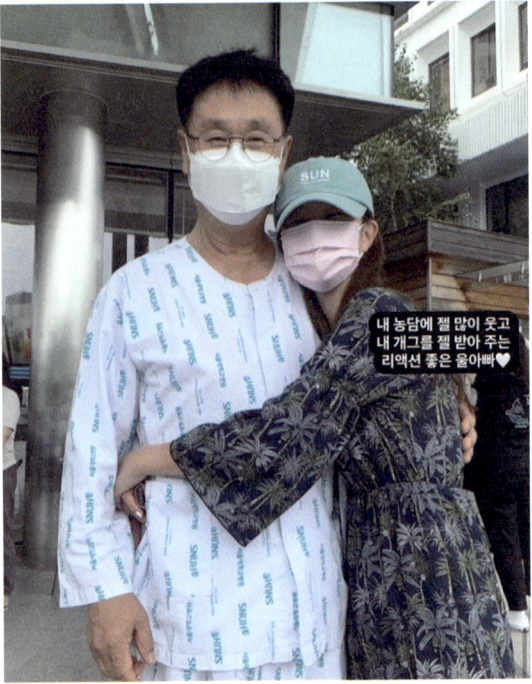

내 농담에 젤 많이 웃고
내 개그를 젤 받아 주는
리액션 좋은 울아빠♥

 dual_holic님 외 **609명**이 좋아합니다

withent77 아빠랑 추억은 셀 수 없지만 지금도 가장 기억에 남는 건 아빠랑 했던 오뎅 포장마차 놀이. 길쭉한 오뎅을 나무 젓가락에 끼워 멸치와 다시마를 넣은 커다란 육수통에 넣고 바글바글 끓이면 포장마차를 지날때랑 똑같은 냄새가 났다. 한개에 50원이었고 아빠는 포장마차 주인이었다. 오빠랑 줄서서 십원짜리 오십원짜리로 오뎅을 사먹은게 나의 첫 경제활동이자 거래였다. 그때 내 나이 다섯살.

내가 중학생때 아빠는 다른 고등학교 영어선생님이었는데 내 기억이 맞다면 아빠는 학주였던 것 같다. 교문에서 복장지도를 하는. 아빠는 교복은 단정히. 라는 철칙이 있었고 나는 당시 유행대로 아빠 몰래 치마를 줄여서 입었는데 며칠만에 딱 걸렸다. 아빠는 니가 이럴 수 있냐고 화를 내며 줄인 교복을 틃었고 나는 나도 똑같은 십대인데 왜 아빠 기준에 맞춰야 하냐고 대들었다. 그때 내 나이 열여섯.

아빠는 내 결혼식에 축가로 색소폰을 불어준다고 했고 나는 색소폰은 왠지 구슬퍼서 결혼식엔 어울리지 않는다며 내심 반대했다. 아빠는 10월의 어느 멋진 날에 라는 곡을 연주했다. 전혀 구슬프지 않고 아주 아름다웠는데 1절이 끝나고 사람들은 환호하며 박수를 쳤다. 나는 아빠랑 눈이 마주치면 엄청 울 것 같아서 필사적으로 피하고 있었는데 결국 눈이 마주쳤고 나도 울고 이미 아빠도 울고 있었다. 내가 울보인건 다 아빠 때문. 그때 내 나이 스물여덟.

수술을 며칠 앞두고 아빠는 괜찮다고 했지만 긴장한 기색이 역력했다. 나는 꾀병이 좀 있는데 그건 아빠로부터 온거고 우리집 꾀병의 원조는 아빠다. 아빠 내가 테오 낳을때 해봤는데 배를 여섯겹을 절개해야 애가 나온다고 했어. 아빠는 심장 근처를 열지만 나보단 덜 쨀것 같아 그러니 쫄지마. 아빠는 웃었다. 아빠 나랑 사진 좀 찍어주라 하니까 더 크게 웃었다. 며칠전 아빠랑.

Withent77 아빠랑 추억은 셀 수 없지만 지금도 가장 기억에 남는 건 아빠랑 했던 오뎅 포장마차 놀이. 길쭉한 오뎅을 나무 젓가락에 끼워 멸치와 다시마를 넣은 커다란 육수통에 넣고 바글바글 끓이면 포장마차를 지날 때랑 똑같은 냄새가 났다. 한개에 50원이었고 아빠는 포장마차 주인이었다. 오빠랑 줄 서서 십원 짜리 오십원 짜리로 오뎅을 사먹은 게 나의 첫 경제활동이자 거래였다. 그 때 내 나이 다섯살.

내가 중학생 때 아빠는 다른 고등학교 영어 선생님이었는데 내 기억이 맞다면 아빠는 교문에서 복장 지도를 하는 학주(학년 주임 선생님)였던 것 같다. 아빠는 '교복은 단정히' 라는 철칙이 있었다. 나는 당시 유행대로 아빠 몰래 치마를 줄여 입었는데 며칠만에 딱 걸렸다. 아빠는 어떻게 네가 이럴 수 있다며 화를 내며 교복을 뜯었고 나도 똑같은 십대인데 왜 아빠 기준에 맞춰야 하냐며 대들었다. 그때 내 나이 열여섯.

아빠는 내 결혼식에 축가로 섹소폰을 불어준다고 했다. 나는 섹소폰은 왠지 구슬퍼서 결혼식에는 어울리지 않는다며 내심 반대했다. 아빠는 '10월의 어느 멋진 날에' 라는 곡을 연주했다. 전혀 구슬프지 않고 아주 아름다웠는데 1절이 끝나고 사람들은 환호하며 박수를 쳤다. 나는 아빠랑 눈이 마주치면 엄청 울 것 같아서 필사적으로 피하고 있었는데 결국 눈이 마주쳤고 나도 울고 이미 아빠도 울고 있었다. 내가 울보인 건 다 아빠 때문이다. 그 때 내 나이 스물 여덟.

수술을 며칠 앞두고 아빠는 괜찮다고 했지만 긴장한 기색이 역력했다. 나는 꾀병이 좀 있는데 그건 아빠로부터 온거고 우리집 꾀병의 원조는 아빠다. 아빠 내가 테오 낳을 때 해봤는데 배를 여섯겹을 절개해야 애가 나온다고 했어. 아빠는 심장 근처를 열지만 나보단 덜 쨀 것 같아 그러니 쫄지마. 아빠는 웃었다. 아빠 나랑 사진 좀 찍어주라 하니까 더 크게 웃었다. 며칠 전 아빠랑..

지금도 시장 오뎅 가게를 지날 때마다 아빠랑 했던 시장 놀이를 떠올린다.
아빠 오래 오래 곁에 있어 주세요.

withent77

chorong_lee_님 외 **404명**이 좋아합니다
withent77 열심히 노력해도 잘 되지 않는 것 중 하나는 뾰족한 마음이다. 이럴땐 뜨거운 물을 호호 식혀 마시거나 따뜻한 스프를 먹는다. 엄마랑 아빠는 지난주에 설악산에 다녀왔다. 설악산에 간 이유는 갑자기 케이블카가 타고 싶어서란다. 난 이런 사소하고 낭만적인 삶을 동경한다. 따뜻한 감자스프에 바게트 찍어 먹는 월요일 아침의 기쁨.

Withent77 열심히 노력해도 잘 되지 않는 것 중 하나는 뾰족한 마음이다. 이럴 땐 뜨거운 물을 호호 식혀 마시거나 따뜻한 스프를 먹는다. 엄마랑 아빠는 지난 주에 설악산에 다녀왔다. 설악산에 간 이유는 갑자기 케이블카가 타고 싶어서란다. 난 이런 사소하고 낭만적인 삶을 동경한다. 따뜻한 감자스프에 바게트 빵을 찍어 먹는 월요일 아침의 기쁨.

아빠처럼 다정한 사람이 좋아.
케이블카 타려고 설악산에 간다는 사람.

withent77

chorong_lee_님 외 **508명**이 좋아합니다
withent77 아빠랑 데이트 나옴! 아빠가 좋아하는 노래 내가 좋아하는 노래 번갈아 돌으며 드라이브도 하고 에스프레소바에 가서 커피도 마셨다. 내가 추천한 콘파냐를 처음 드신다고 하는데 (나는 못가봄 아빠는 이태리도 다녀오셨는데) 취향저격이라고 다음에 또 드시겠다고 이름을 두번이나 되뇌며 외운다. 내 흥은 아빠한테 온 게 분명해..

Withent77 아빠랑 데이트 나옴! 아빠가 좋아하는 노래 내가 좋아하는 노래를 번갈아 들으며 드라이브도 하고 에스프레소바에 가서 커피도 마셨다. 내가 추천한 '콘파냐'를 처음 드신다고 하는데 (나는 아직 못가봤고 아빠는 이태리 다녀오셨는데) 취향 저격이라고 다음에 또 드시겠다며 이름을 두번이나 되뇌며 외운다. 내 흥은 아빠한테 온 게 분명해...

시골집에 가면 아빠랑 시내(라고 쓰지만 읍내 같은) 번화가에 한 번씩 데이트를 나간다. 떠나온 지 워낙 오래 되어서 내가 아는 가게보다는 아빠가 아는 신상 가게들이 훨씬 많다. 그러다 가끔 인터넷 검색으로 새로 생긴 카페에 아빠를 모시고 가면 아이처럼 신나하신다. 여기 살지도 않으면서 이런 데를 어떻게 다 알았냐고 신기해하며.
 아빠 요즘에는 검색하면 다 나와!

 withent77

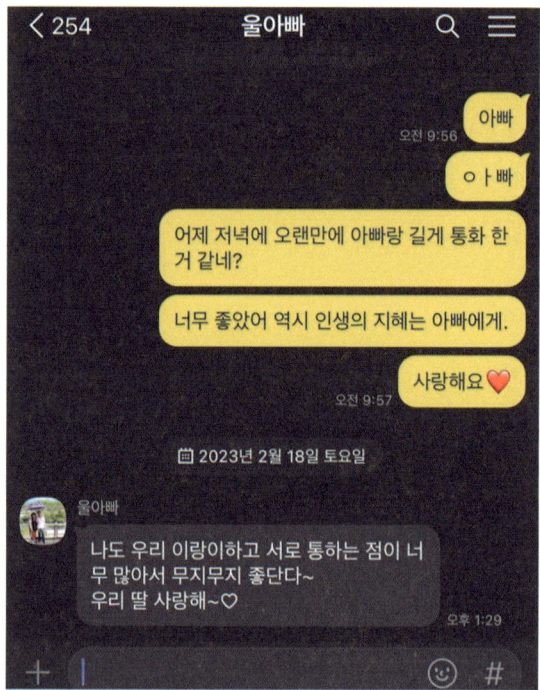

♡ 501명이 좋아합니다

withent77 엊그제 퇴근길 오랜만에 아빠랑 통화를 길게 했다. 수다스러운 이야기는 엄마랑 하니까 아빠에게 전화론 용건만 간단히 하게 되던데 그 날 밤엔 갑자기 아빠의 이야기가 듣고 싶었다. 전화를 끊을 즈음에 아빠가 나더러 자랑스럽다고 하셨다. 순간 바로 다음 말이 나오지 않았다. 생각해보면 크는 동안 칭찬과 격려는 많이 받았지만 아빠가 나에게 직접 자랑스럽다고 말한 적이 있었나. 내 기억으론 처음 듣는 말 같았다. 부모가 내심 바랐던 학교 전공 직업 결혼은 한 적이 없지만 그래서 언제나 기대 보다는 염려가 많은 딸이었을 거 아는데 지금 내 모습이 자랑스럽다니 코끝이 시큰했다. 아빠는 더 자유롭게 나 하고 싶은 일도 사랑도 많이 하라고 했다. 시골 할아버지에게 이런 말이 나오다니. 정말 다정 보스.. 아빠는 정말 최고야..그리고 지금 이 피드 보고 있다면 하트 눌러줘.

Withent77 엊그제 퇴근길 오랜만에 아빠랑 통화를 길게 했다. 수다스러운 이야기는 엄마랑 하니까 아빠에게 전화로는 용건만 간단히 하게 되는데 그 날엔 갑자기 아빠의 이야기가 듣고 싶었다. 전화를 끊을 즈음에 아빠가 나더러 자랑스럽다고 하셨다. 순간 바로 다음 말이 나오지 않았다. 생각해보면 크는 동안 칭찬과 격려는 많이 받았지만 아빠가 나에게 직접 자랑스럽다고 말한 적이 있었나. 내 기억으로는 처음 듣는 말 같았다. 부모가 내심 바랐던 학교 전공 직업 결혼은 한 적이 없지만 그래서 언제나 기대 보다는 염려가 많은 딸이었을 거 아는데 지금 내 모습이 자랑스럽다니 코 끝이 시큰했다. 아빠는 더 자유롭게 나 하고 싶은 일도 사랑도 많이 하라고 했다. 시골 할아버지에게 이런 말이 나오다니. 정말 '다정 보스'. 아빠는 정말 최고야. 그리고 지금 이 피드를 보고 있다면 하트 눌러줘.

며칠 전에 일하다 피곤에 쩔은 목소리로 아빠 전화를 받았다. 내가 아빠한테 안부 전화를 하는 횟수보다 아빠가 나의 안부를 더 자주 묻는 것 같다. 무심하고 조금은 무성의한 목소리로 받았는데 아빠는. "우리 딸 보고싶네. 얼굴 본 지 한참 되었네.' 하신다.
    날 아직도 귀여워하고 보고 싶어하는 우리 아빠. 나도 무장해제. 아빠 나두.

 withent77

ziz0210님 외 **512명**이 좋아합니다
withent77 어릴 때 해가 질 때까지 놀다 보면 엄마가 밥먹으라고 부르는 소리에 하나 둘 사라지던 놀이터. 우리 이 얘기 하면서 한참 웃었네. 금요일엔 일부러 다른 동네에 가서 점심을 먹고 좀 걷고 다른 풍경을 본다. 날이 좋다 나가 놀아라. 실은 양말에 내 소망이 담겨 있다. PLAY MORE.

Withent77 어릴 때 해가 질 때까지 놀다 보면 엄마가 밥 먹으라고 부르는 소리에 하나 둘 사라지던 놀이터. 우리 이 옛날 이야기 하면서 한참 웃었네. 금요일에는 일부러 다른 동네에 가서 점심을 먹고 좀 걷고 다른 풍경을 본다. 날이 좋다. 나가 놀아라. 실은 양말에 내 소망이 담겨 있다. PLAY MORE.

양말을 만들기 시작하고 내가 하고 싶은 이야기를 양말에 넣었다. 모든 것이 사라져도 꼭 남아 있었으면 하는 것들, 이를 테면 사랑, 희망 이런 것들.

어릴 적 동네에서는 해가 질 때까지 놀이터에서 놀았다. 그러다 해가 지면 '누구야 밥 먹어라' 하고 부르는 소리가 들리기 시작한다. 하나 둘 아이들이 집으로 들어가고 나도 엄마가 밥 먹으라는 소리를 할 때까지 밖에서 놀다 집으로 뛰어들어갔다.

그 소리가 그렇게 그립다. 밥 먹으라고 부르는 소리.

이제는 밥 먹으라고 부르는 소리는 없다. 대부분의 날들엔 빈 집에 내가 먼저 들어가서 밥을 한다. 누군가를 먹일 밥을 하는 나이가 되었다. 이런 게 인생이겠지.

withent77

chorong_lee_님 외 **458명**이 좋아합니다

withent77 아빠 생신이라 오랜만에 카드를 썼다. 아빠 사랑을 가득 받은 아이는 자신감의 크기가 다르다는 이야기를 들은 적이 있다. 나의 자신감과 다정함의 근원은 아빠라고 적으면서 코 끝이 찡해졌다. 일흔이 다 되가는 아빠는 지금도 절대 무거운 짐을 내가 못 들게 하고 당신이 다 들어주고 뻔뻔스럽게 나 이쁜거 같아 아빠? 하면 내가 제일 예쁘다고 해준다. 어두운 밤길도 아빠랑 가면 든든하고 아빠는 내가 무슨 요리를 해도 다 맛있다고 우리딸 최고라고 해준다. 얼마 전엔 인스타그램도 깔고 유일한 팔로잉1이 나던데... 아빠 혹시 보고있다면 하트 눌러줘.....🖤

Withent77 아빠 생신이라 오랜만에 카드를 썼다. 아빠 사랑을 가득 받은 아이는 자신감의 크기가 다르다는 이야기를 들은 적이 있다. 나의 자신감과 다정함의 근원은 아빠라고 적으면서 코 끝이 찡해졌다. 일흔이 다 되가는 아빠는 지금도 무거운 짐을 절대 내가 못들게 하고 아빠가 직접 다 들어주신다. 가끔 뻔뻔스러운 표정으로 아빠 나 예쁜거 같아? 라고 하면 우리 딸이 제일 예쁘다고 한다. 어두운 밤길도 아빠랑 가면 든든하고 아빠는 내가 무슨 요리를 해도 다 맛있다고 우리딸 최고라고 해준다. 얼마 전에 인스타그램도 깔고 유일한 팔로잉 1이 나던데... 아빠 혹시 보고 있다면 하트 눌러줘.

아빠는 요즘도 내 인스타그램을 보고 있을까?

 withent77

mmmmmmjung님 외 **425명**이 좋아합니다
withent77 #엄마가싫어하는피드 가끔 버스에서 급정거할때 있잖아요. 이럴때 관절이나 우리 몸에 가장 부담이 덜 가는 자세는 무릎을 살짝 굽히고 있는거래요. 마음도 마찬가지겠죠? 마음이 부드럽고 연해질 때 세상을 둘러 볼 수 있으니까요. 배구나 축구 핸드볼 대부분의 구기종목에서 수비할 때 무릎을 살짝 굽힌다고 해요. 아이랑 이야기할때도 무릎을 살짝 구부리면 자기랑 눈높이가 맞는다고 생각하는지 전보다 쉽게 마음을 열더라구요. 쉬운 삶이 어딨어요. 굽혀봅니다. 요즘 제 마음은 많이 굽혀 있여요. 엄마 혹시 이 피드를 보고 있다면.. 내가 다 마신건 아냐.

Withent77 가끔 버스에서 급정거할 때 있잖아요. 이럴 때 관절이나 우리 몸에 가장 부담이 덜 가는 자세는 무릎을 살짝 굽히고 있는 거래요. 마음도 마찬가지겠죠? 마음이 부드럽고 연해질 때 세상을 둘러볼 수 있으니까요. 배구나 축구 핸드볼 등 대부분의 구기 종목에서 수비할 때 무릎을 살짝 굽힌다고 해요. 아이랑 이야기할 때도 무릎을 살짝 구부리면 자기랑 눈높이가 맞는다고 생각하는지 전보다 쉽게 마음을 열더라구요. 쉬운 삶이 어디 있겠어요. 굽혀봅니다. 요즘 제 마음은 많이 굽혀 있어요. 엄마 혹시 이 피드를 보고 있다면... 내가 다 마신 건 아냐.
#엄마가싫어하는피드

어느 날인가 엄마가 인스타그램이 무엇인지 알게 되었다. 아마도 새언니의 도움이었을 것 같은데, 앱을 깔고 팔로잉을 시작한 임마는 나의 피드를 보기 시작했다. 피드에 올라오는 술병 사진마저도 염려스러워 하던 엄마가 언젠가부터는 내 삶을 더 이해하게 된 것 같은 느낌을 받았다. (아직까지 엄마 아이디는 모른다. 맞팔은 안 할게 엄마)

 withent77

anjoohee_u님 외 **493명**이 좋아합니다
withent77 엄마의 사랑은 늘 날 울린다. 집에 오니 냉장고에 있는 엄마표 장조림과 돼지고기 김치볶음.

Withent77 엄마의 사랑은 늘 날 울린다. 집에 오니 냉장고에 있는 엄마표 장조림과 돼지고기 김치볶음.

어릴 적, 그러니까 내가 초등학교 때는 도시락을 싸가지고 다녔다. 다른 친구들의 단골 반찬은 줄줄이 비엔나 소시지. 엄마는 한 번도 싸 준 적이 없다. 내 반찬통에는 장조림이 단골 메뉴였다.

플라스틱 통에 뜨거운 음식 담지 않기. 햄 같은 가공 식품은 꼭 끓는 물에 데쳐서 요리하기 등등. '환경 호르몬'이라는 말이 언론에 나오기도 전이었는데 말이다.

'뭘 저렇게까지 해⋯.' 라고 생각했던 엄마의 '유난스러움'을 나는 꼭 닮았다.

Withent77 다정한 울아빠 눈에 담긴 우리.
#아빠의시선 #테오theo

그 옛날, 엄마의 완강한 반대에도 무릅쓰고 아빠는 캠코더를 사 와서 우리를 찍었다.
어디를 가든 아빠는 우리를 사진에 담으려 한다. 인스타그램 같은 SNS를 하지도 않는 아빠가 열심히 사진을 찍는 이유를 이제는 알 것 같다

 withent77

easyboyisfree님 외 여러 명이 좋아합니다
withent77 아빠 70번째 생일 기념으로 떠나왔다. 단체복 맞춰 입고 인제 속초 강릉 평창을 누비며 가족 여행 중. 예상한 것보다도 한 열배쯤 재밌다. 아침 6:30에 집을 나와 저녁 6:30이 될 때까지 끝나지 않는 1부 스케줄... 이제 숙소로 체크인하고 2부 레크레이션 해야 함. 가족오락관 대기중.

Withent77 아빠 70번째 생일 기념으로 떠나왔다. 단체복 맞춰 입고 인제 속초 강릉 평창을 누비며 가족 여행 중. 예상한 것보다도 한 열배쯤 재밌다. 아침 6:30에 집을 나와 저녁 6:30이 될 때까지 끝나지 않는 1부 스케줄... 이제 숙소로 체크인하고 2부 레크레이션 해야 함. 가족오락관 대기중.

    부모님과 오빠네 가족, 우리 가족까지 모두 모여 여행을 간 것은 처음이다. 명절이면 시골 집에 모이기는 하지만 이렇게 각자의 집이 아닌 제 3의 곳으로 다같이 떠난 건 처음. 각자의 가족을 건사하며 매일 치열하게 살아내느라 바쁘다 보니 엄청난 대식구도 아닌데 이렇게 모이는 것도 어려운 일이었다. 아빠의 칠순 생신을 기념한 동해 바다 여행. 오빠와 새언니가 야무지게 코스도 짜고 단체복도 맞춰와서 패키지 여행 같은 느낌도 나고 모두가 즐거워했다. 저녁에는 숙소에서 생일 파티도 하고 스피드퀴즈도 하며 웃고 떠드느라 시간 가는 줄 몰랐다. 아빠는 여행 내내 티비에서 보던 1박 2일을 우리가 찍고 있는 것 같다며 즐거워하셨다. 생각해 보면 별것도 아닌데 왜 이제야 왔을까.
    아빠 엄마 건강만 하세요. 여행 많이 다녀요 우리.

여행의 기쁨

누구에게나 축제 같은 기억의 파리가 마음 속에 있을 것이다. 나에게 그 축제는 브리즈번.

withent77
방콕

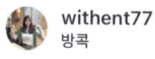 hans_mansion님 외 **612명**이 좋아합니다
withent77 나는 외로움이라는 단어를 좋아한다. 어떤 사람을 좋아하냐는 질문에 여러가지 답이 있겠지만 때때로 나는 '외로운 사람'이라고 답한다. 조금 더 정확히 말해보면 '외로움을 아는 사람'이 맞겠다. 혼자서는 아무것도 못하는 사람보다는 혼자서 무엇이든 할 수 있고 혼자일 때도 빛날 수 있는 사람. 헤르만헤세의 문장을 빌어보면 외로움에는 오래전부터 익숙해져 있었지만 그 외로움이 스스로를 짓누르지 않는 삶을 동경한다.

Withent77 나는 외로움이라는 단어를 좋아한다. 어떤 사람을 좋아하냐는 질문에 여러가지 답이 있겠지만 때때로 나는 '외로운 사람'이라고 답한다. 조금 더 정확히 말해보면 '외로움을 아는 사람' 이 맞겠다. 혼자서는 아무것도 못하는 사람보다는 혼자서 무엇이든 할 수 있고 혼자일 때도 빛날 수 있는 사람. 헤르만헤세의 문장을 빌어보면 외로움에는 오래전부터 익숙해져 있었지만 그 외로움이 스스로를 짓누르지 않는 삶을 동경한다.

지금도 동경하는 사람은 '외로움을 아는 사람'.

 withent77

 ziz0210님 외 **412명**이 좋아합니다
withent77 이렇게 나이가 먹은 이후에 친구들과 부모님집에 간 건 처음이었다. 예상한 대로 우리 엄마아빠는 위장에 쉴틈을 주지 않았고 맛있고 건강한 걸 먹이겠다는 목표를 달성하셨다. 예상치 못했던 건 친구들이 있어서 이렇게나 좋구나 느낀 거, 서로의 핸드폰에 언제 찍었는지도 모르는 사진이 가득해서 돌아오는 기차에서 잠들 수가 없었다는 거.

Withent77 이렇게 나이가 먹은 이후에 친구들과 부모님 집에 간 건 처음이었다. 예상한 대로 엄마 아빠는 우리의 위장에 쉴틈을 주지 않았고 결국 맛있고 건강한 제철 음식을 먹이겠다는 목표를 달성하셨다. 우리의 의지와 상관없이 주는대로 많이 먹어야 하는 건 이미 예상한 일이었다. 예상치 못했던 건 친구들이 있어서 이렇게나 좋구나 느낀 것. 서로의 핸드폰에 언제 찍혔는지도 모르는 사진이 가득해서 돌아오는 기차에서 잠들 수가 없었다는 거.

윤슬이 유난히 반짝이던 날.
내 눈물도 마음도 반짝이던 날.

 **withent77**
한라산

ziz0210님 외 **583명**이 좋아합니다

withent77 겨울 산을 만나려고 제주에 왔다. 앞서 올라간 누군가의 발자국 그마저도 내리는 눈발에 금방 사라지는 희미한 흔적을 따라 그저 오르고 또 올랐다. 뽀드득 아이젠이 눈밭을 밟는 소리외엔 고요한 이 산에서 나는 명치 끝에 걸려 마음 불편한 일도 누구를 원망하거나 부러워할 일도 전혀 생각나지 않았다. 그저 내 마음은 평온으로 가득 했다. 온통 눈으로 뒤덮힌 이 거대한 숲을 오르고 내리는 내내 하루키의 노르웨이의 숲이 떠올랐다. 그리고 이 눈 덮힌 숲은 나에게 말하는 것 같았다. 나를 언제까지나 잊지마, 내가 여기 있었다는 것을 기억해줘. 라고.

#한라산 #겨울산 #등산

Withent77 겨울 산을 만나려고 제주에 왔다. 앞서 올라간 누군가의 발자국 그 마저도 내리는 눈발에 금방 사라지는 희미한 흔적을 따라 그저 오르고 또 올랐다. 뽀드득 아이젠이 눈밭을 밟는 소리 외에는 고요한 이 산에서 나는 명치 끝에 걸려 마음 불편한 일도, 누구를 원망하거나 부러워할 일도 전혀 생각나지 않았다. 그저 내 마음은 평온으로 가득했다. 온통 눈으로 뒤덮힌 이 거대한 숲을 오르고 내리는 내내 하루키의 노르웨이 숲이 떠올랐다. 그리고 이 눈 덮힌 숲은 나에게 말하는 것 같았다. 나를 언제까지나 잊지마, 내가 여기 있었다는 것을 기억해줘. 라고.
#한라산 #겨울산 #등산

가장 아름다웠던 눈이 펑펑 내리던 한라산. 그리고 정상에서 먹었던 육개장 사발면.

withent77
Tumon Bay Beach - Guam

chorong_lee_님 외 **824명이 좋아합니다**
withent77 테오에게 첫 필름카메라를 사줬다. 나보다 유튜브에 몇배는 능숙한 세대에게 찍어서 바로 확인할 수 없다는 걸 설명하는데 생각보다 오래 걸렸다. 필름 한 롤을 다 찍고 인화하는 걸 이해하고 나서는 비밀상자에 담긴 추억을 나중에 열어보는거라며 신나한다. 나와 너의 첫 괌.
#휴가 #괌 #필름카메라

Withent77 테오에게 첫 필름 카메라를 사줬다. 나보다 유튜브에 몇배는 능숙한 세대에게 찍어서 바로 확인할 수 없는 카메라를 설명하는데 생각보다 오래 걸렸다. 필름 한 롤을 다 찍고 인화하는 걸 이해하고 나서는 비밀상자에 담긴 추억을 나중에 열어보는 거라며 신나한다. 나와 너의 첫 괌.
#휴가 #괌 #필름카메라

필름카메라의 묘미는 찍고 찍힌 시점과 아주 멀리 떨어진 어느 날에 사진을 인화한다는 점 아닐까. 얼마 전에 필름 카메라를 인화했다. 아끼던 초콜릿을 하나 꺼내 먹는 것처럼 행복했다.

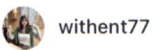 withent77

♡ 💬 ✈   🔖

🌸 moonimo_ony_님 외 **688명**이 좋아합니다
withent77 여행은 포옹력이 있다. 여기에 와보니 괌을 여러번 와 본 사람도 많고 신혼 여행이나 태교 여행으로 온 사람들이 많이 보인다. 나는 그 어떤 것도 가보지 않았다. 말해 본적도 거의 없고 믿는 사람도 별로 없었지만 코사무이로 예약했던 신혼여행을 2주 전인가 취소했다. 비행기 타는 걸 싫어했던 사람이었다. 오래 만났고 10년을 살았고 이제는 각자의 인생으로 떠나온지 몇해가 되었다.

거칠고 울퉁불퉁해서 걷기도 어려웠던 날이 많았다. 요즘은 그 어느때보다 내 삶은 부드럽고 편안하고 자유롭다. 테오는 3년 전인가 여권을 처음 만들었는데 이후엔 코로나가 있었고 바쁜 엄마를 둔 탓에 마땅한 기회가 없었는데 그래서 이번 우리의 여행은 너무나 특별하고 반짝인다. 어둠이 있고 또 그래서 빛나는 별들이 있다. 테오를 위해 언제든 기꺼이 어둠이 되어주고 싶다. 때로는 테오가 나를 빛나게 해준다. 우리는 서로에게 별과 같다. 괌이 우리를 이렇게나 너그럽고 따뜻하게 안아주고 있다. 앞으로는 시시껄렁한 사람들의 이야기나 스스로 제한하며 편견에 가둬 눈치보거나 염려하는 일은 없을 거다. 더 씩씩하게 쓰고 싶은 글을 끝없이 쓰고 더 재밌게 일하고 내 삶을 사랑할거다.

Withent77 여행은 포옹력이 있다. 여기에 와보니 괌을 여러번 온 듯한 사람도 많고 신혼 여행이나 태교여행으로 온 사람들이 많이 보인다. 나는 그 어떤 것도 가보지 않았다. 말해 본적도 거의 없고 믿는 사람도 별로 없었지만 코사무이로 예약했던 신혼여행을 2주 전인가 취소했다. 비행기 타는 걸 싫어했던 사람이었다. 오래 만났고 10년을 살았고 이제는 각자의 인생으로 떠나온 지 몇해가 되었다.

거칠고 울퉁불퉁해서 걷기도 어려웠던 날이 많았다. 요즘은 그 어느때보다도 내 삶은 부드럽고 편안하고 자유롭다. 테오는 3년 전인가 여권을 처음 만들었는데 이후엔 코로나가 있었고 바쁜 엄마를 둔 탓에 마땅한 기회가 없었는데 그래서 이번 우리의 여행은 너무나 특별하고 반짝인다. 어둠이 있고 또 그래서 빛나는 별들이 있다. 테오를 위해 언제든 기꺼이 어둠이 되어주고 싶다. 때로는 테오가 나를 빛나게 해준다. 우리는 서로에게 별과 같다. 곰이 이렇게나 우리를 너그럽고 따뜻하게 안아주고 있다. 앞으로는 시시껄렁한 사람들의 이야기나 스스로를 제한하며 편견에 가둬 눈치 보거나 염려하는 일은 없을 거다. 더 씩씩하게 쓰고 싶은 글을 끝없이 쓰고 더 재밌게 일하고 내 삶을 사랑할거다.

"여행은 우리의 삶을 너그럽게 품어준다."

withent77

moonimo_ony_님 외 **473명**이 좋아합니다
withent77 한 여름 밤의 꿈 같았던 우리의 괌 여행. 뭐가 제일 좋았냐고 하니 엄마와의 바다 수영이라고 말하는 귀여운 내 친구. 엄마가 영어사람처럼 (영어로 말하는 외국인=영어사람이라고 함) 영어말을 잘해서 쫌 멋있었다고.. 너한텐 계속 멋지고 싶네. 같이 여행해보니 너는 이젠 정말 내 친구 같더라. 이번 여행의 기억이 반짝이는 별 처럼 너를 따라다닐 거야. 서로의 존재처럼.

Withent77 한 여름 밤의 꿈 같았던 우리의 괌 여행. 뭐가 제일 좋았냐고 하니 엄마와의 바다 수영이라고 말하는 귀여운 내 친구. 엄마가 영어사람처럼 (영어로 말하는 외국인 = 영어사람이라고 함) 영어말을 잘해서 좀 멋있었다고... 너한테는 계속 멋지고 싶네. 같이 여행해보니 너는 이제 정말 내 친구 같더라. 이번 여행의 기억이 반짝이는 별처럼 너를 따라다닐거야. 서로의 존재처럼.

테오와 처음 떠났던 해외여행. 우리의 첫 괌 여행의 기억이 오래도록 너에게 축제처럼 기억되기를.

withent77
브리즈번

cholong_lee_님 외 **483명**이 좋아합니다
withent77 하루 전날 티켓팅을 하고 비자를 받고 비행기에 몸을 실었다. 살면서 언제나 이 다음에 이 다음에 하던 일들을 지금 당장 해야 할 순간이 있고 그래서 지금 나는 버거킹이 헝그리잭인 나라에 왔다. 어디로 가고 싶냐고 물으면 마치 오래 준비해온 대답 처럼 브리즈번이라고 말하는 장면을 몰래 생각해오다 실행하는데 15년이 걸렸다. 살면서 가장 즉흥적이었지만 장담하건대 후회하지 않을 결정일 것이다.

Withent77 하루 전날 티켓팅을 하고 비자를 받고 비행기에 몸을 실었다. 살면서 언제나 '이 다음에, 이 다음에' 하던 일들을 지금 당장 해야 할 순간이 있고 그래서 지금 나는 버거킹이 헝그리잭인 나라에 왔다. 어디로 가고 싶냐고 물으면 마치 오래 준비해온 대답처럼 브리즈번이라고 말하는 장면을 몰래 생각해오다가 생각하는데 15년이 걸렸다. 살면서 가장 즉흥적이었지만 장담하건대 후회하지 않을 결정일 것이다.

단언컨대 가장 즉흥적으로 결정한 가장 근사했던 여정. 언제나 그리운 나의 브리즈번. 이것이 나의 '오래 준비해 온 대답'.

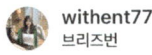 withent77
브리즈번

mmmmmmjung님 외 **408명**이 좋아합니다
withent77 이 곳의 시계는 느리게 간다. 서두르는 법이 없고 재촉하거나 채근하는 법이 없다. 어디든 앉아서 책을 읽고 멍하니 있다가 졸기도 하고 와인도 마신다. 파리는 움직이는 축제라고 말한 헤밍웨이는 젊은 시절 파리에 산다면 평생 그 기억이 축제처럼 따라다닐 거라고 했다. 나는 브리즈번에 16년 전 쯤에 고작 일년 반 남짓 살았을 뿐인데 축제 같은 그 기억이 나를 따라다녔다. 다시 돌아와보니 모든것이 시간이 멈춘 듯 그대로 있고 너무하다 싶을 정도로 여전히 아름답다.

Withent77 이 곳의 시계는 느리게 간다. 서두르는 법이 없고 재촉하거나 채근하는 법이 없다. 어디든 앉아서 책을 읽고 멍하니 있다가 졸기도 하고 와인도 마신다. 파리는 움직이는 축재라고 말한 헤밍웨이는 젊은 시절에 산다면 평생 그 기억이 축제처럼 따라다닐 거라고 했다. 나는 브리즈번에 16년 전 쯤에 고작 일년 반 남짓 살았을 뿐인데 축제 같은 그 기억이 나를 따라다녔다. 다시 돌아와보니 모든 것이 시간이 멈춘 듯 그대로 있고 너무하다 싶을 정도로 여전히 아름답다.

 파리는 움직이는 축제. 젊은 시절 파리에 산다면 평생 그 기억이 축제처럼 따라다닐 것이다.

- 헤밍웨이

 누구에게나 축제 같은 기억의 파리가 마음 속에 있을 것이다. 나에게 그 축제는 브리즈번.

withent77
브리즈번

♡ 💬 ⌲

hans_mansion님 외 **392명**이 좋아합니다
withent77 지난 밤 우리는 완벽한 Aussie Christmas를 보냈다. 우리가 브리즈번에서 함께 보내는 아마도 마지막 저녁이었고 내가 하루만에 결정해 이 곳에 온 이유이기도 했다. 알렉스 가족은 수십년을 보낸 호주 생활을 마무리하고 태국으로 이사를 간다고 했다. '물론 네가 지난 15년 동안 다시 오지는 못했지만 네가 언젠가 이 곳에 왔는데 우리가 없으면 서운할 것 같아서 연락해' 라는 메시지를 보고 결심했다. 오래 전 홈스테이를 했던 짧다면 짧은 인연이 있었는데 그 뒤로도 방콕에서 열린 첫째 렌의 결혼식에도 내가 갔었고 함박눈을 보고 싶다던 둘째 벤이 한겨울 한국에 와서 스노보드를 타기도 했다. 몇해 전 알렉스와 에밀리가 한국에 아는 사람이 나뿐인데 휴가로 서울에 와서 며칠을 함께 보냈는데 이렇게 인연을 이어오는 동안 나는 호주에 한번도 다시 가진 못했다. 매일 매일 앞에 놓인 일들을 마주하며 살아내느라 마음의 여유가 없었다. 언젠

가 하다 보니 15년이 흘렀다. 매일 밤 호주 와인을 마시며 서로의 지난 삶에 대해 이야기했다. 왜 태국으로 갈 결심을 했는지 그 이유를 듣고서는 알렉스 에밀리 나 셋이서 늦은 밤 그칠 줄 모르고 펑펑 울었다. 때로는 쉽게 말 할 수 없는 슬픔을 나누면서 더욱 깊게 사랑하게 되는 것 같다. 오늘 새벽 3:30에 공항으로 떠나는 알렉스와 에밀리를 배웅하고 다시 침대에 누웠는데 잠이 쉽게 오지 않았다. 내가 살았던 이 집에 돌아와 공원을 걷고 정원에서 같이 바비큐를 하고 익숙한 테이블에서 밥을 같이 먹고 밤 늦도록 같이 와인을 마시며 시간을 보낸 일, 내가 가장 사랑하고 그리워하던 곳에 테오를 데려오고 매일 아침 알렉스가 테오에게 자전거 타는 법을 가르쳐 주는 걸 바라보던 일, 올 한 해 내가 한 일 중 가장 잘 한 일 같다.

Withent77 지난 밤 우리는 완벽한 Aussie Christmas 를 보냈다. 우리가 브리즈번에서 함께 보내는 아마도 마지막 저녁이었고 내가 하루만에 결정해서 이 곳에 온 이유기도 했다. 알렉스 가족은 수십년을 보낸 호주 생활을 마무리 하고 태국으로 이사를 간다고 했다. '물론 네가 지난 15년 동안 다시 오지는 못했지만 네가 언젠가 이 곳에 왔는데 우리가 없으면 서운할 것 같아서 연락해' 라는 메시지를 보고 결심했다. 오랜 전 홈스테이를 했던 짧다면 짧은 인연이었는데 그 뒤로도 방콕에서 열린 첫째 렌의 결혼식에도 내가 갔었고 함박눈을 보고 싶다던 둘째 벤이 한 겨울 한국에 와서 스노보드를 타기도 했다.

몇해 전 알렉스와 에밀리가 한국에 아는 사람이 나 뿐인데 휴가로 서울에 와서 며칠을 함께 보냈는데 이렇게 인연을 이어오는 동안 나는 한번도 호주에 다시 가지 못했다. 매일 매일 앞에 놓인 일들을 마주하며 살아내느라 마음의 여유가 없었다. 언젠가 하다보니 15년이 흘렀다. 매일 밤 호주 와인을 마시며 서로의 지난 삶에 대해 이야기했다. 왜 태국으로 갈 결심을 했는지 그 이유를 듣고서는 알렉스 에밀리 나 셋이서 늦은 밤 그칠 줄 모르고 펑펑 울었다. 때로는 쉽게 말할 수 없는 슬픔을 나누면서 더욱 깊게 사랑하게 되는 것 같다. 오늘 새벽 3시 30분에 공항으로 떠나는 알렉스와 에밀리를 배웅하고 다시 침대에 누웠는데 잠이 쉽게 오지 않았다. 내가 살았던 이 집에서 돌아와 공원을 걷고 정원에서 같이 바비큐를 하고 익숙한 테이블에서 밥을 같이 먹고 밤 늦도록 같이 와인을 마시며 시간을 보낸 일, 내가 가장 사랑하고 그리워하던 곳에 테오를 데려오고 매일 아침 알렉스가 테오에게 자전거 타는 법을 가르쳐 주는 걸 바라보던 일, 올 한 해 내가 한 일 중에서 가장 잘 한 일 같다.

반평생을 살던 호주를 떠나 태국으로 이사를 간다고 했다. 호주에서 유학 시절을 보낸 이후로 결혼도 출산도 이후의 모든 삶이 호주였는데 말이다. 얼마 전 갑자기 손주를 하늘나라로 떠나보냈다고 했다. 작별을 고할 시간도 없이 갑자기 찾아온 이별, 그것도 몇 년 살지도 못하고 사는 동안 내내

가족들에게 기쁨이었을 손주를 보내고 한동안 아무것도 할 수 없었다고 했다. 괜히 걱정할까 봐 좋은 소식도 아닌데 연락을 하지 못했다는 이야기를 하는 알렉스도 그걸 듣고 있던 나도 엉엉 울었다. 우리는 그렇게 슬픔을 같이 했다. 18년 전 따뜻한 브리즈번의 12월에 처음 만났던 알렉스와 에밀리 가족. 그리고 지금까지 나의 영혼의 가족이 되어 주는 사람들. 나를 위해 카카오톡 앱을 깔고 매년 생일이나 명절, 기념일엔 가장 먼저 축하 메시지를 보내 주는 다정한 내 사람들과 오래도록 행복하고 싶다.

withent77
호주

moonimo_ony_님 외 **433명**이 좋아합니다
withent77 너무 예쁘고 아름다워서 눈물이 찔끔 났던 장면, 그리고 간직하고 싶은 순간들이에요. 꿈 같던 브리즈번의 8일을 마치고 집에 돌아왔어요. 가장 멀리 있는 것을 연결해 주고, 가장 낡은 것과 가장 새로운 것을 나란히 세우는 사랑으로 따뜻한 크리스마스 보내세요. 메리크리스마스!

Withent77 너무 예쁘고 아름다워서 눈물이 찔끔 났던 장면, 그리고 간직하고 싶은 순간들이에요. 꿈 같던 브리즈번의 8일을 마치고 집에 돌아왔어요. 가장 멀리 있는 것을 연결해 주고, 가장 낡은 것과 가장 새로운 것을 나란히 세우는 사랑으로 따뜻한 크리스마스 보내세요. 메리크리스마스!

'사랑은 가장 멀리 있던 것을 연결해 주고 가장 낡은 것과 가장 새로운 것을 나란히 세운다.' 나의 이십대와 삼십대를 연결하고 테오가 존재하기 전 나의 세계에 테오와 함께 돌아가봤다. 꿈 같던 일주일이었다.

withent77
방콕

 chorong_lee_님 외 **585명**이 좋아합니다

withent77 설 명절에 가족들 없이 완벽하게 혼자 보내보는 건 처음이에요. 테오가 태어나고도 처음. 친구들이랑 골프도 치고 호주 가족도 만나고 선배드 아래 누워서 칵테일도 마시고 좋아하는 책을 몇번이고 읽고 있어요. 전 아직 떡국은 안먹었지만 이제 진짜 새해 인거 맞죠? 새해에는 실패와 실망이 있더라도 마음 속에 솟아나는 대로 살아내기를 바라요. 저와 여러분 모두에게요. 응원과 사랑에 그득 감사했어요. 전 새까맣게 꾸워져서 돌아갈게요🙇‍♀️🙇‍♀️

Withent77 설 명절에 가족들 없이 완벽하게 혼자 보내는 건 처음이예요. 테오가 태어나고도 처음. 친구들이랑 골프도 치고 호주 가족도 만나고 선베드 아래 누워서 칵테일도 마시고 좋아하는 책을 몇번이고 읽고 있어요. 전 아직 떡국은 안 먹었지만 이제 진짜 새해인 것 맞죠? 새해에는 실패와 실망이 있더라도 마음 속에서 솟아나는대로 살아 내기를 바라요. 저와 여러분 모두에게요. 응원과 사랑에 가득 감사했어요. 전 새까맣게 구워져서 돌아갈게요.

우리 가족은 둘이다. 테오와 나. 우리 두명의 완벽한 톱니바퀴가 발맞춰 돌아가야만 한다. 완벽하게 스케줄을 짰다고 하지만 더러 일정에 차질이 생기기도 하고 머피의 법칙처럼 타이밍이 잘 맞지 않는 날엔 지하철 역에서 내려 죽도록 뛰어서 테오를 데리러 가도 전교에서 테오가 가장 먼저 하교하는 어린이가 되곤 한다. 그래서 싱글맘이자 워킹맘에게 '나홀로 휴가'는 상상해 본 적이 없던 일이다. 마침 명절 연휴이기도 했고 (하늘이 도운 듯이) 출장이 때마침 잡혔다. '나홀로 방콕'은 다시 봐도 행복하다. 물론 같이 가도 좋았겠지만, 엄마도 가끔은 혼자이고 싶거든. (하지만 나홀로 기회는 두 번 다시는 오지 않았다고 한다.)

 withent77

hans_mansion님 외 **549명**이 좋아합니다
withent77 나에게 휴가에 대해 물어보면 내가 늘 떠올리는 장면이 있다. 이태리 남부 해안가 마을 아말피, 온 동네방네 레몬이 나뒹구는 그 곳에서 레몬에이드 마시며 바닷가에 누워 책을 읽고 글을 쓰는 장면. 아 물론 아직 가 본적은 없다. (올해 갈 수 있을까?) 날씨가 좋아 하염없이 걷다가 무의식의 흐름처럼 이끌려 들어가 앉았는데 작은 아말피였다.

Withent77 나에게 휴가에 대해 물어보면 내가 늘 떠올리는 장면이 있다. 이태리 남부 해안가 마을 아말피. 온 동네 방네 레몬이 나뒹구는 그 곳에서 레몬에이드 마시며 바닷가에 누워 책을 읽고 글을 쓰는 장면. 아 물론 아직 가본적은 없다. (올해 갈 수 있을까?) 날씨가 좋아 하염없이 걷다가 무의식의 흐름처럼 이끌려 들어가 앉았는데 작은 아말피였다.

화면 속으로만 수도 없이 다녀온 나의 아말피.
떠올리기만 해도 레몬의 시큼한 맛이 떠올라 턱끝이 아리다. (아... 침 고여.)
올해는 꼭 아말피에 가서 나의 이태리 기행기를 쓰고 싶다.

 withent77

silvermikim님 외 **434명**이 좋아합니다

withent77 전세계를 이방인처럼 떠돌고 싶은 꿈을 늘 마음 속에 품고 산다. 지금 딛고 있는 땅에선 할 일도 변명도 참 많다. 이것만 하면 끝이 아니라 이거 다음엔 이거 그거 다음엔 그거. 해낼 일들이 그리고 나를 필요로 하는 곳이 있다는 것이 감사하지만 떠나서야 보이는 것들도 있다. 내가 바쁜 동안 아이는 그새 자랐다. 순간은 지나면 과거일 뿐이다. 미루고 미루던 티켓팅을 했다. 클릭과 결제를 했을 뿐인데 이미 어디론가 간 느낌이다. 이래서 사람들이 여행을 하는구나.

Withent77 전세계를 이방인처럼 떠돌고 싶은 꿈을 늘 마음 속에 품고 산다. 지금 딛고 있는 땅에선 할 일도 변명도 참 많다. 이것만 하면 끝이 아니라 이거 다음엔 이거 그거 다음엔 그거. 해낼 일들이 그리고 나를 필요로 하는 곳이 있다는 것이 감사하지만 떠나서야 보이는 것들도 있다. 내가 바쁜 동안 아이는 그새 자랐다. 순간은 지나면 과거일 뿐이다. 미루고 미루던 티켓팅을 했다. 클릭과 결제를 했을 뿐인데 이미 어디론가 간 느낌이다. 이래서 사람들이 여행을 하는구나.

여행지에서 글 쓰기. 떠나간 낯선 어느 곳에서 편지쓰기. 아주 멀리서 사랑을 보내기. 나의 꿈이다. 전세계를 이방인처럼 돌아다니고 싶다는 꿈.

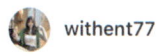 withent77

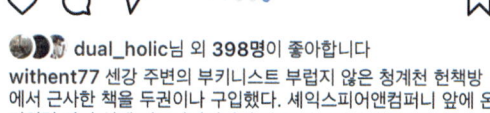 dual_holic님 외 **398명**이 좋아합니다
withent77 센강 주변의 부키니스트 부럽지 않은 청계천 헌책방에서 근사한 책을 두권이나 구입했다. 셰익스피어앤컴퍼니 앞에 온 것처럼 잠시 설렌 미드나잇인파리 같은 미드데이인동대문.

Withent77 센강 주변의 부키니스트 부럽지 않은 청계천 헌책방에서 근사한 책을 두권이나 구입했다. 세익스피어 앤컴퍼니 앞에 온 것처럼 잠시 설렌 미드나잇파리 같은 미드데이인동대문.

올해는 파리에 다시 가 봐야겠다.
오늘은 일단 청계천로에 가 봐야겠다.

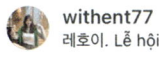 **withent77**
레호이. Lễ hội

moonimo_ony_님 외 **451명**이 좋아합니다

withent77 꿈꾸는 대로 산다고 잘 사는 것도 아니고 꿈꾼대로 못 산다고 실패한 인생도 아니다. 원래 내 꿈은 여행작가였다. 전세계를 떠돌아다니고 있을 줄 알았는데 이렇게나 한 도시에서 오래 눌러앉아 살 줄은 몰랐지만 '언젠가'를 꿈꾸면서 사는 지금도 좋다. 코로나 핑계가 없어졌지만 당장 떠날 수 없다. 눈 앞에 있는 중요한 것들을 해낸다. 오늘 점심에는 잠시 베트남에 다녀온 것 같은 기분을 냈다. 정작 베트남에는 못가봤지만. 언젠가 가보고 느끼고 그 도시에서 만난 사람들에 대해 기록할 후보지가 많이 있다는 건 즐거운 일이다. 아직 안간것 뿐이니까.

Withent77 꿈 꾸는 대로 산다고 잘 사는 것도 아니고 꿈꾼대로 못산다고 실패한 인생도 아니다. 원래 내 꿈은 여행 작가였다. 전세계를 떠돌아다니고 있을 줄 알았는데 이렇게나 한 도시에서 오래 눌러 앉아 살 줄은 몰랐지만 '언젠가'를 꿈꾸면서 사는 지금도 좋다.

코로나 핑계가 없어졌지만 당장 떠날 수 없다. 눈 앞에 있는 중요한 것을 해낸다. 오늘 점심에는 잠시 베트남에 다녀온 것 같은 기분을 냈다. 정작 베트남에는 못가봤지만, 언젠가 가보고 느끼고 그 도시에서 만난 사람들에 대해 기록할 후보지가 많이 있다는 건 즐거운 일이다. 아직 안 간 것 뿐이니까.

피드에 올렸던 이 쌀국수 집은 소월길에서 꽤 오래도록 사랑받던 집이다. 처음에는 2층까지 있었는데 줄을 서서 먹던 유명한 집이었다. 그러다 어떤 차가 가게 벽을 들이받아 실내까지 돌진하는 사고가 있은 후에 리모델링하고 규모를 줄여 1층으로 운영했다. (자주 가는 집이라 이런 tmi도 알게 되었다.) 이 집 쌀국수를 좋아하게 되면서 태국 쌀국수와 베트남 쌀국수는 어떤 차이점이 있는지 알게 되었다. 바게트 빵으로 만든 베트남식 샌드위치가 반미라는 것도 처음 알게 되었고 왜 동남아인 베트남에 바게트 빵이 있었을까 찾아보다가 프랑스 식민지였던 탓에 베트남에 프랑스풍의 빵이 많이 있다는 사실도 알게 되었다.

베트남 여행은 아직 못 가봤지만 베트남의 문화와 역사에 대해 여러모로 알게 해준 나의 레호이. 코로나에 많은 자영업자들이 줄도산을 할 때도 살아있어줘서 고마웠는데 어느 날 지나며 보니 이 식당이 없어졌다. 다급한 마음에 인터넷 그리고 인스타그램에 뒤져보니 마지막 영업을 알리는 피드를 끝으로 문을 닫았다. 마지막일 줄 알았더라면 더 자주 가고 더 기억하는 건데 아쉽기만 하다. 아마도 레호이 사장님은 소월길이 아닌 다른 어딘가에서 또 다른 레호이를 운영할 것만 같다. 꿈 꾼 대로 산다고 성공한 것도 꿈 꾼 대로 못산다고 실패한 것도 아니니까. 꿈은 계속 바뀌기 마련이고 성공과 실패는 이분법적으로 나뉘지 않으니까. 내가 진짜 베트남 여행을 다녀온 어느 날에 서울의 어느 골목에서 다시 레호이를 마주하는 날을 기대해 본다.

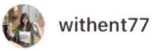 withent77

 silvermikim님 외 **380명**이 좋아합니다
withent77 여행은 장소가 아니라 마음가짐이니까 오늘은 아주 머어어어얼리 떠나온 것만 같은 마음으로.

Withent77 여행은 장소가 아니라 마음가짐이니까 오늘은 아주 머어어어얼리 떠나온 것 같은 마음으로.

여행의 목적지 그 자체로도 의미가 있지만 여행을 떠나기 전의 마음, 그리고 어딘가로 가는 이동수단에서의 설렘 그 자체가 여행인 것 같다. 그래서 우리는 가끔 목적지 없이 고속도로를 타고 달리다가 고속도로 휴게소에서 우동과 소떡소떡을 사먹고 돌아온다.
우리는 이미 짧은 여행을 한 것이다.

 withent77

chorong_lee_님 외 여러 명이 좋아합니다
withent77 어느날 출근길 라디오에서 이탈리아 고등학교 방학숙제를 들었다.

"아침에 혼자 해변을 산책하라"
"너의 인생에서 가장 사랑하는 것을 생각하라"

이렇게 근사한 방학 숙제라니.
나도 그 방학숙제를 해야겠다.

> 남들 휴가 갈 때 못가고 안가고 휴가 끝물에 겨우겨우 가거나. 언제나 그랬던 것 같다. 아직 나는 휴가를 누릴 자격이 없어 하면서. (그 자격은 누가 주는건데) 스스로에게 내 인생을 더 사랑할 권리를, 그럴 자격을 내가 줬다. 그래서 올해는 일찍 떠난다. 그리고 아주 멀리 가보기로 했다. 아침에 혼자 산책을 하고 인생에서 가장 사랑하는 것을 떠올려보자. 가득히.

Withent77 어느날 출근길 라디오에서 이탈리아 고등학교 방학숙제를 들었다.

"아침에 혼자 해변을 산책하라."
"너의 인생에서 가장 사랑하는 것을 생각하라."

이렇게 근사한 방학 숙제라니.
나도 그 방학숙제를 해야겠다.

남들 휴가 갈 때 못가고 안가고 휴가 끝물에 거우겨우 가거나. 언제나 그랬던 것 같다. 아직 나는 휴가를 누릴 자격이 없어 하면서. (그 자격은 누가 주는건데.) 스스로에게 내 인생을 더 사랑할 권리를, 그럴 자격을 내가 줬다. 그래서 올해는 일찍 떠난다. 그리고 아주 멀리 가보기로 했다. 아침에 혼자 산책을 하고 인생에서 가장 사랑하는 것을 떠올려보자. 가득히.

"아침에 혼자 해변을 산책하라"
"너의 인생에서 가장 사랑하는 것을 생각하라"

이탈리아 페르모의 한 고등학교 방학 숙제라고 한다. 방학이 끝날 무렵 밀린 일기와 탐구생활을 하던 어린 시절이 떠올랐다.

그때는 캠핑이라는 단어가 이렇게 대명사가 되기도 전인데 코펠냄비와 텐트를 싣고 전국을 누볐다. 당연히 네비게이션도 없는 시절이고 종이로 된 두꺼운 전국지도를 보며 도로의 이정표와 국도 숫자를 보며 전국의 산과 바다를 데려갔던 아빠가 정말 대단한 사람 같다. 그때는 가기 싫다고 하고 또 멀미 때문에 차에선 잔 기억만 많은데 30년이 지나서 보니 그때의 날들이 빼곡히 머릿속에 남아있다. 몽산포 해수욕장, 꽃지해수욕장, 양양 바닷가, 충무 마리나리조트, 설악산, 한 겨울의 한라산 등반 등등. 어린 시절의 기억들이 당시엔 몰랐지만 10년 20년 30년이 지나도 선명하게 기억되는 조각들이 있다. 그리고 그 조각들은 위태로운 순간들에 나를 지켜주는 부적이 되기도 한다. 올해는 몰타, 다음 여름엔 우리 어디에 있을까?

withent77 우리 휴가의 목적지이자 도착지였던 블루라군. 여기 오려고 왔어요 몰타에. 걸어서 세계속으로, 세계테마기행을 보면서 방구석 1열 세계 여행하던 중에 블루라군을 봤어요. 매료되었고 언젠가 꼭 가야지 생각했는데 그 언젠가는 오지 않더라구요. '언제 한번 밥 먹자'고 하면 그 언제는 절대 오지 않는 것처럼 말예요.

Withent77 우리 휴가의 목적지이자 도착지였던 블루라군. 여기 오려고 왔어요 몰타에. 걸어서 세계속으로, 세계테마기행을 보면서 방구석 1열 세계여행하던 중에 블루라군을 봤어요. 매료되었고 언젠가 꼭 가야지 생각했는데 그 언젠가는 오지 않더라구요. '언제 한번 밥 먹자'고 하면 그 언제는 절대 오지 않는 것처럼 말예요.

그래서 이 다음에 좀 여유가 생기면 일이 더 잘 되면 등등으로 무한히 이월시키던 미래의 행복을 결제했죠. 올해 가장 잘한 결정. 이탈리아 바닷가 마을 페르모 고등학교의 여름방학 숙제처럼 아침에 해변을 걷고 우리가 사랑하는 것들에 대해 떠올리는 날들이었어요. 이제 돌아갈 준비를 해요. 에메랄드 바다를 마음에 품고 다시 일상으로. 랜선으로 같이 즐겨주신 분들, 깨알 같이 정보 보내주시던 다정함까지 모두 감사해요! ♥

#이랑인몰타 #휴가 #malta

몰타는 정말 아름다웠다. 생각했던 것보다 훨씬 더.
 몰타라는 나라를 알게 되고 여행을 결심하면서 가장 가고 싶었던 곳이 바로 이 블루라군이었다.
 블루라군은 몰타 본섬에서 배를 타고 이동해야 하는 작은 섬이다. 물놀이할 채비를 단단히 하고 떠났는데 이동하는 배에서 서울에서 온 업무 처리를 하는 동안 핸드폰 배터리를 거의 써버렸다. 이윽고 우리는 섬에 도착했고 눈 앞에 펼쳐진 광경을 믿을 수 없었다. 이런 색의 바다가 있구나. 임시로 차려진 푸드트럭 같은 곳에서 피나콜라다를 팔고 있었고 흥겨운 음악이 흘렀다. 세상과는 완전히 단절된 오롯이 여기에만 존재하는 세계 같았다. 테오와 나는 신이 나서 자리를 잡았다. 이 아름다운 곳을 오래도록 기억하고 싶어서 그리고 인스타에 자랑도 하고 싶어서 찍으려 했는데 아뿔사. 배터리가 거의 닳았다. 나중에 돌아가는 티켓과 승선 시간도 핸드폰에 있는데… 이곳을 보러 이 먼 나라에 왔는데 기록으로 다 남길 수 없다니……몇 장의 사진과 영상을 담다가 포기했다. 그리고 결심을 하고는 테오에게 말했다. 테오야 블루라군의 진짜 아름다움은 영원히 우리 마음 속에만 있겠다. 마침 배터리가 없어서 더 찍을 수도 없겠네. 눈으로 실컷 담고 즐기자. 테오가 펄쩍 뛰며 좋아한다. 엄마가 촬영 안 하고 나랑만 논다니 너무 신나. 오히려 좋아!

블루라군의 구석 구석 진짜 아름다운 모습은 테오와 나의 마음 속에 기록되어 있다.

인생은 좋았고
때론 나빴을 뿐이다

빛나지 않는 삶은 없다.

 withent77

anjoohee_u님 외 **443명**이 좋아합니다
withent77 별 볼 일 없고 특별할 거 없지만 바쁘고 성실했던 하루. 김희애언니가 그랬다. 지나간 시간을 모두 담아두고 싶지 않다고. 다 흘려가고 흘려보내고 싶고 그래서 지금 행복하다고. 나 오늘 행복해.

Withent77 별 볼일 없고 특별할 거 없지만 바쁘고 성실했던 하루. 김희애 언니가 그랬다. 지나간 시간을 모두 담아두고 싶지 않다고. 다 흘러가고 흘려보내고 싶고 그래서 지금 행복하다고. 나 오늘 행복해.

다 담아왔으면 이미 터져서 깨졌을 거야. 그릇이. 흘려보냈기에 또 샘물이 채워졌겠지.

 withent77

anjoohee_u님 외 **406명**이 좋아합니다
withent77 기초반 중에서도 나는 가장 열등생이다. 거울 속 선생님 동작을 쫓아가기 바쁘고 내 몸이 이렇게 뻣뻣했나 의아해하다보면 수업은 어느새 끝난다. 발레는 여러모로 나와 너무 정반대다. 발레는 느리고 우아하다. 잘하는걸 더 잘해내는거 말고 못할거 아는데 해보는 용기를 내고 싶다. 이게 진짜 발레를 시작한 이유.
#이랑발레

Withent77 기초반 중에서도 나는 가장 열등생이다. 거울 속 선생님 동작을 쫓아가기 바쁘고 내 몸이 이렇게 뻣뻣했나 의아해 하다보니 수업은 어느새 끝난다. 발레는 여러모로 나와 너무 정반대다. 발레는 느리고 우아하다. 잘하는 걸 더 잘해내는 거 말고 못할 거 아는데 해보려고 용기를 낸다. 이게 진짜 발레를 시작한 이유
#이랑발레

발레는 느리고 우아한데 속으로 (근육들이) 매우 바쁘고 긴박하다. 때로는 애처롭게 바쁘고 고되지만 멀리서는 그 마저도 아름다운 춤선으로 보였으면 한다.

 withent77

♡ ○ ⊲   ⊓

🧑‍🤝‍🧑 ziz0210님 외 **647명**이 좋아합니다

withent77 김밥 좋아해요? 전 김밥을 만들 때면 의기 소침했던 마음도 쭈글쭈글해졌던 마음도 다리미가 지나간 것 처럼 펴지는 것 같아요. 10대의 김밥은 소풍날 그리고 운동회날을 기다린 이유였고 20대의 김밥은 꼭두새벽에 말아 7호선 중계역 앞에서 팔았던 김밥 장사의 추억 소환 버튼. 그리고 30대의 김밥은 테오야 김밥 해줄까? 이 한마디면 어린이의 속상한 마음을 한방에 날려 줄 치트키가 되었어요. 제 삶에 아마도 가장 많은 이야기를 만들어 준 음식일 거예요. 어떤 재료를 넣는지 누가 먹을지에 따라 크기도 모양도 달라지는 김밥. 여러가지 가득한 재료들이 야무지게 감싸지고 또 한데 모여 돌돌 말아지는 김밥이 기특하고 고맙기까지 하더라구요. 옆구리 안터지고 가운데로 속재료들이 예쁘게 말리면 그게 뭐라고 어깨 으쓱해지는 성취감은 또 어떻구요. 아.. 영혼도 육체도 살 찌우는 취미.. 나만 찌울 수 없다..따뜻한 봄날 김밥 잔뜩 말아서 사랑하는 사람들에게 김밥 배달 한번 가려구요. 딱 기다려봐요..
#이랑김밥

Withent77 김밥 좋아해요? 전 김밥을 만들 때면 의기소침했던 마음도 쭈글쭈글했던 마음도 다리미가 지나간 것처럼 펴지는 것 같아요. 10대의 김밥은 소풍날 그리고 운동회날을 기다린 이유였고 20대의 김밥은 꼭두새벽에 말아 7호선 중계역 앞에서 팔았던 김밥 장사의 추억 소환 버튼이다. 그리고 30대의 김밥은 테오야 김밥 해줄까? 이 한마디면 어린이의 속상한 마음을 한방에 날려 줄 치트키가 되었어요. 제 삶에 아마도 가장 많은 이야기를 만들어 준 음식일 거예요. 어떤 재료를 넣는지 누가 먹을지에 따라 크기도 모양도 달라지는 김밥. 여러가지 가득한 재료들이 야무지게 감싸지고 또 한데 모여 돌돌 말아지는 김밥이 기특하고 고맙기까지 하더라구요. 옆구리 안 터지고 가운데로 속재료들이 예쁘게 말리면 그게 뭐라고 어깨가 으쓱해지는 성취감은 또 어떻구요. 아... 영혼도 육체도 살찌우는 취미. 나만 찌울 수 없죠. 따뜻한 봄날 김밥 잔뜩 말아서 사랑하는 사람들에게 김밥 배달 한번 가려구요. 딱 기다려봐요.
#이랑김밥

20대에 한 모든 알바를 통틀어 가장 기억에 남지만 다시 하라면 절대 못할 것 같은 건 김밥 장사. 아마도 내가 가장 잘하는 메뉴이기도, 가장 많은 이야기를 담고 있는 메뉴이기도 한 김밥. 난 아직도 김밥을 좋아한다.

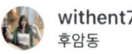 withent77
후암동

hans_mansion님 외 **478명**이 좋아합니다
withent77 지금 어디야? 사무실. 남산을 지나서 전화했어. 그럼 와. 갑자기 지나다 들르는 사이. 이 길을 지나다가 생각나는 사람. 올해 처음 뚜뚜를 꺼냈고 골목을 누비고 쥬스를 사마시고 각자 회사로 돌아왔다. 오늘의 사소한 즐거움은 언니 어디야. 이 문자.

Withent77 지금 어디야? 사무실. 남산을 지나서 전화했어. 그럼 와. 갑자기 지나다 들르는 사이. 이 길을 지나다가 생각나는 사람. 올해 처음 뚜뚜를 꺼냈고 골목을 누비고 쥬스를 사마시고 각자 회사로 돌아왔다. 오늘의 사소한 즐거움은 '언니 어디야' 이 문자.

가끔 어느 곳을 지나다 떠오르는 사람이 있으면 전화를 한다. 어디야?
다정한 안부

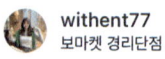

withent77
보마켓 경리단점

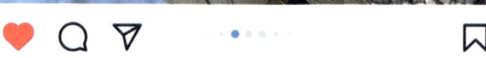

 moonimo_ony_님 외 **631명**이 좋아합니다

withent77 사람을 만나는 태도에 대해서는 종종 주변에서 힌트를 얻는다. 세상은 영원히 옳은 나와 이상한 너로 구성되는 것이 아니라 함께 이야기하며 변화하는 우리로 구성된다지. 이상한 나를 옳은 네가 안아주기도 하면서. 집에 오는 길에 빼곡한 메모장을 열어보니 어느날의 일기가 오늘의 교훈이 된다. 후숙하면 맛있어지는 아보카도 같은 날들.

Withent77 사람을 만나는 태도에 대해서는 종종 주변에서 힌트를 얻는다. 세상은 영원히 옳은 나와 이상한 너로 구성되는 것이 아니라 함께 이야기하며 변화하는 우리로 구성된다지. 이상한 나를 옳은 네가 안아주기도 하면서. 집에 오는 길에 빼곡한 메모장을 열어보니 어느날의 일기가 오늘의 교훈이 된다. 후숙하면 맛있어지는 아보카도 같은 날들.

이상한 나를 언제나 안아주는 당신께.

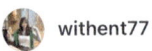 withent77

님 외 **368명**이 좋아합니다
withent77 이 술 이름은 니모메. 발음 그대로 읽으면 [니모에] ? 같은 느낌인데 제주 방언으로 너의 마음에 라는 뜻이란다. 너의 몸이 아니라 너의 마음에 대한 이야기다. 너의 마음에. 너의 마음에는 어떻게 닿았을까? 나의 마음은 지금 이렇다. 오늘 나는 내가 살아온 삶의 총합이다. 너의 소중한 몸이 아니라 그보다 소중한 너의 마음에 대한 이야기다. 니모메 대해 나의 마음만큼 소중하게 생가케. 지켜줄게.

Withent77 이 술의 이름은 니모메. 발음 그대로 읽으면 [니몸에] 같은 느낌인데 제주 방언으로 너의 마음에 라는 뜻이란다. 너의 몸이 아니라 너의 마음에 대한 이야기다. 너의 마음에. 너의 마음에는 어떻게 닿았을까? 나의 마음은 지금 이렇다. 오늘의 나는 내가 살아온 삶의 총합이다. 너의 소중한 몸 그보다 소중한 너의 마음에 대한 이야기다. '니모메' 대해 나의 마음만큼 소중히 생각해. 지켜줄게.

같은 나라인데도 제주도 방언은 외국어처럼 들릴 때가 많다.
'너의 마음에'라는 뜻의 니모메. 소리도 뜻도 예뻐서 기억해 둔 단어.
"니모메 닿고 싶다."

withent77

 mmmmmmjung님 외 **344명**이 좋아합니다
withent77 나처럼 동물을 무서워하고 소스라치게 도망가던 사람이 있을까. 싫다라는 감정보다는 두려움이라는 감정이었던 동물에 대해 따뜻함 귀여움 사랑스러움 포근함 이런 단어를 연상시키게 해준 내 친구들 집에 있는 고양이 강아지들 고마워. 오늘 편의점에 츄르가 없어서서 산 과자 간식. 며칠 전부터 혼자 있는 아기 고양이가 혹시 엄마가 없는건 아닌지 확인했는데 껍질 뜯자마자..... 엄마랑 사돈의 팔촌까지 다 모여서 당황.... 행복해라

#고양이 #집사 #희망중

Withent77 나처럼 동물을 무서워하고 소스라치게 놀라 도망가던 사람이 있을까. 싫다 라는 감정보다는 두려움이라는 감정이 앞섰던 동물에 대해 따뜻한 귀여움 사랑스러움 포근함 이런 단어를 연상시키게 해준 (친구들 집에 있는) 고양이 강아지들 고마워. 오늘 편의점에 츄르가 없어서 산 과자 간식. 며칠 전부터 혼자 있는 아기 고양이가 혹시 엄마가 없는 건 아닌지 확인했는데 껍질을 뜯자마자...... 엄마랑 사돈의 팔촌까지 다 모여서 당황했지만 즐거웠다. 행복해라 냥이들.
#고양이 #집사 #희망중

난 사실 동물이 무서웠다. 작은 강아지에게도 쉽게 손 내밀어 인사하지 못할 만큼. 어릴 적 동네에서 키우는 개에게 허벅지를 물린 언니를 보고 식겁해서는 오래도록 동물에게 마음을 열지 못했다. 후암동에 사무실 이사를 오고 몇 년 간 바뀐 것 중 가장 큰 하나는 동물 친구들과 가까워졌다는 것. 이젠 무섭지 않다.

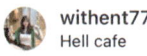 **withent77**
Hell cafe

🌙🐰 **ziz0210**님 외 **511명**이 좋아합니다
withent77 숙제나 일을 미루는 사람에 대한 재밌는 분석을 읽었다. 일반적으로 일을 미루는 습관을 가진 사람을 게으르다고 생각하기 쉽지만 완전히 반대의 성향일 경우가 큰데, 사실은 굉장히 잘하고 싶은 것이라고. 일명 벼락치기 사람들은 완벽주의 성향이 강해 잘하고 싶은 기준이 높기 때문이라는 것. 완벽히 해내지 못할 결과에 대한 두려움 때문에 시작을 미루는 거라고..... 누가 내 이야길 하는 줄 알았네. 할 수 있는 한 마지막까지 미루다가 데드라인에 가서야 초인적인 집중을 발휘해서 결국 하기는 하는데 문제는 번아웃이나 현타가 올 수 있다는 점....
#벼락치기에대한훌륭한변 #enfp

Withent77 숙제나 일을 미루는 사람에 대한 재밌는 분석을 읽었다. 일반적으로 일을 미루는 습관을 가진 사람을 게으르다고 생각하기 쉽지만 완전히 반대의 성향일 경우가 큰데, 사실은 굉장히 잘하고 싶은 것이라고. 일명 벼락치기를 하는 사람들은 완벽주의자 성향이 강해 잘하고 싶은 기준이 높다는 것이다. 완벽히 해내지 못할 결과에 대한 두려움 때문에 시작을 미루는 것이라고... 누가 내 이야기를 하는 줄 알았다. 할 수 있는 한 마지막까지 미루다가 데드라인에 가서야 초인적인 집중을 발휘해서 결국 하기는 하는데 문제는 번아웃이나 현타가 올 수 있다는 점...... #벼락치기에대한훌륭한변 #enfp

예전에는 혈액형이 뭐에요?했다면 요즘은 MBTI를 더 자주 묻는 것 같다.
E와 I가 반반씩 나오는, J와 P가 반반씩 나오는, 완벽하지 않은데 완벽을 추구하는 완벽주의자는 ENFP인게 어쩐지 좀 수줍다.

 **withent77**
가마솥족발

chorong_lee_님 외 **395명**이 좋아합니다
withent77 어쩌다 멋진 날들도 있지만 허름하고 평범한 날들을 더 많이 기록하고 싶다. 우울하면 우울한대로 화려하면 화려한대로. 그게 진짜 삶과 가장 가까울 것이다.
#후암동 #임이랑맛집

Withent77 어쩌다 멋진 날들도 있지만 허름하고 평범한 날들을 더 많이 기록하고 싶다. 우울하면 우울한 대로 화려하면 화려한대로. 그게 진짜 삶과 가장 가까울 것이다.
#후암동 #임이랑맛집

화려하고 멋진 것들이 가득한 인스타그램. 다른 사람의 삶을 피드로 내리다 보면 갑자기 내 삶만 초라한 것 같은 생각이 들 때가 있다. 그래서 더욱 나는 평범한 날들을 기록하고 싶었다. (사진 속 순댓국 집은 아주 허름하지만 맛은 허름하지 않다.)

 withent77

mmmmmmjung님 외 **563명**이 좋아합니다
withent77 딱 일 년 전. 아빠는 큰 수술을 받으셨다. 열흘 사이에 장사 같던 기력을 잃고 힘 없이 휠체어에 앉아있던 아빠가 퇴원하면 내가 싼 김밥을 드시겠다고 했다. 일 년만에 검진하러 가시기 전날인 이번 주말 우리 집에서 주무신 부모님께 김밥을 말아드렸다. 아빠는 근래 먹은 것 중 가장 맛있는 점심이었다고 했다. 여전히 나의 기둥 나의 든든한 돌아갈 곳이 되어주는 내 사랑들이 있다.
#이랑김밥

Withent77 딱 일년 전. 아빠는 큰 수술을 받으셨다. 열흘 사이에 장사 같던 기력을 잃고 힘 없이 휠체어에 앉아있던 아빠가 퇴원하면 내가 싼 김밥을 드시겠다고 했다. 일년만에 검진하러 가시기 전날인 이번 주말 우리집에서 주무신 부모님께 김밥을 말아 드렸다. 아빠는 근래 먹은 것 중 가장 맛있는 점심이었다고 했다. 여전히 나의 기둥 나의 든든한 돌아갈 곳이 되어주는 내 사랑들이 있다.
#이랑김밥

내가 가끔씩 김밥 해 먹는 피드를 올리는데 아마도 엄마는 내가 김밥 장사를 했던 것은 몰랐던 것 같다. (생각해보면 내가 말을 안 했던 것도 같다.) 그래서 다른 사람들은 "어머나 김밥을 정말 잘 싼다." 하고 칭찬할 때 엄마 마음은 별로 안 좋았다고 한다. 그 새벽에 일어나 김밥을 말아 지하철역 앞에서 팔았을 거 생각하면 너무 짠하다고. 엄마 그래서 이렇게 김밥을 예쁘게 잘 싸잖아! 오히려 좋아.

 withent77

chorong_lee_님 외 **366명**이 좋아합니다
withent77 좋은 기억은 좋아하는 노래같아서 안끝나길 바란다. 좋아하는 노래는 몇번이고 반복해서 듣는다. 지나고 나면 그리워 할 장마가 끝나간다.

Withent77 좋은 기억은 좋아하는 노래 같아서 끝나지 않기를 바란다. 좋아하는 노래는 몇번이고 반복해서 듣는다. 지나고 나면 그리워질 장마가 끝나간다.

좋아하는 노래는 무한 반복해서 듣고 좋아하는 식당은 수십 번도 더 간다. 그래서 단골집도 많고 취향도 확실한 나는야 외골수.

withent77
베어크리크 G.C

hkahee01님, twinkle_dy님 외 **507명**이 좋아합니다
withent77 빚을 내서라도 간다는 가을 골프. 그만큼 가을은 골프의 계절이라는 비유적 말인데 사실 대출 채무는 아니지만 골프가는 날은 진짜로 마음의 빚을 지게 된다. 골프는 상대적으로 멀리 (골프장까지) 가서 상대적으로 오랜 시간(18홀 약 5시간) 해야 하는 운동이라 다른 기회 비용들을 생각해보고 가게 되는 운동이다. 특히나 나처럼 1인 다역으로 사는 사람은 회사에서나 집에서 응당 해야하는 역할을 앞뒤로 미루거나 가족이든 동료든 누군가의 도움을 기대지 않고는 사실 불가능에 가까운 일이다. 대표니까 맘대로 하는거 아니야? 응 아니야. 내가 골프&라이프 스타일 브랜드를 운영한다고 해서 맨날 갈 수가 없다는 말이다. 그럼에도 막상 이렇게 나오면 평소에 절대 하지 않던 생각도 하고 행동도 한다. 난 필터링 없는 마음가짐으로 잔디를 걷고 또 걷는 이 운동이 정말 좋다... 그러니까 오늘 하고 싶은 말은 나의 오늘을 위해 내 하루의 자리를 기꺼이 지켜주는 나의 사랑들 나의 사람들 고맙다고....근데 난 언제 잘쳐...흐우 우드 잘 치는 사람들 부 Love 다..

#가을골프 #이랑골프 #golf #모얼오버

Withent77 빚을 내서라도 간다는 가을 골프. 그만큼 가을은 골프의 계절이라는 비유적인 말인데 사실 대출 채무는 아니지만 골프 가는 날은 마음의 빚을 지게 된다. 골프는 상대적으로 멀리 가서(골프장까지) 상대적으로 오래 시간(18홀 약 5시간) 해야 하는 운동이라 다른 기회비용들을 생각해보고 가게 되는 운동이다. 특히나 나처럼 1인 다역으로 사는 사람을 회사에서나 집에서나 응당 해야 하는 역할을 앞뒤로 미루거나 가족이든 동료든 누군가의 도움을 기대지 않고는 사실 불가능에 가까운 일이다. 대표니까 마음대로 하는 거 아냐? 응 아니야. 내가 골프&라이프 스타일 브랜드를 운영한다고 해서 맨날 갈 수가 없다는 말이다. 그럼에도 막상 이렇게 나오면 평소에 절대 하지 않던 생각도 하고 행동도 한다. 난 필터링 없는 마음가짐으로 잔디를 걷고 또 걷는 이 운동이 정말 좋다. 그러니까 오늘 하고 싶은 말은 나의 오늘의 위해 내 하루의 빈 자리를 기꺼이 지켜주는 나의 사람들 고맙디고…… 근데 골프는 언제 잘 칠 수 있을까. 늘지 않는 골프, 영원한 짝사랑.

#가을골프 #이랑골프 #golf #모얼오버

골프는 한 8-9년쯤 처음 시작하게 된 운동이다. 지금처럼 젊은 사람들이 취미로 많이 골프를 즐기기 전이라 또래 중에 같이 칠 만한 사람이 많지 않아서 배움을 좀 게을리했는데 이렇게 좋아하게 될 줄 알았더라면 좀 더 제대로 배워둘 걸 그랬다. 라운딩을 가는 날은 '마음의 빚'을 지게 되지만 풀을 밟고 걷는 동안은 '빚을 낼 만한' 행복을 느낀다.

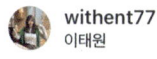 **withent77**
이태원

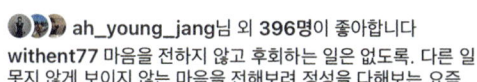 **ah_young_jang**님 외 **396명**이 좋아합니다
withent77 마음을 전하지 않고 후회하는 일은 없도록. 다른 일 못지 않게 보이지 않는 마음을 전해보려 정성을 다해보는 요즘.

Withent77 마음을 전하지 않고 후회하는 일이 없도록. 다른 일 못지 않게 보이지 않는 마음을 전해보려 정성을 다하는 요즘.

 남녀 관계, 모든 인간 관계를 통틀어 모든 오해는 사실 '말하지 않아서' 생기는 경우가 허다하다. 보이지 않기에 말해 줘야 안다. 말할 수 없다면 다른 비언어적 방법으로 꼭 전하자.

 withent77

moonimo_ony_ 님 외 **510명**이 좋아합니다
withent77 정신 없이 흘러간 팝업 첫날. 오픈 소식을 이제 드려요. 몇십년만에 밤새서 이게 긴장한 탓인지 피곤한 탓인지 모르는 통에 하루가 지나갔어요. 알리자니 부담될까 괜히 미안하고 안 알리자니 무심한 것 같아 고민하다 직접 소식 전하지 못한 분들도 먼저 발걸음 해주고 저 모르게 다녀가신 주변분들의 세심함에 따순 하루였어요. 밖은 더웠나요? 여긴 하루종일 에어컨 빵빵해서 추웠거든요. 내일도 폭염이라는데 휴가 안떠나신 분들은 에어컨 시원한 모얼오버 마켓으로 놀러 오세요. 내일은 조금더 세심히 준비해서 오늘보다 조금 더 다정하고 정성껏 맞아 드릴게요.
#모얼오버 #더현대서울 #팝업스토어

Withent77 정신 없이 흘러간 팝업 첫 날. 오픈 소식을 이제 드려요. 몇십년만에 밤을 새서 이게 긴장한 탓인지 피곤한 탓인지 모르는 통에 하루가 지나갔어요. 알리자니 부담될까 괜히 미안하고 안 알리자니 무심한 것 같아 고민하다 직접 소식 전하지 못한 분들도 먼저 발걸음 해주고 저 모르게 다녀가신 주변분들의 세심함에 따뜻한 하루였어요.

밖은 더웠나요? 여긴 하루 종일 에어컨이 빵빵해서 추웠거든요. 내일도 폭염이라는데 휴가가 안떠나신 분들은 에어컨 시원한 모얼오버 마켓으로 놀러 오세요. 내일은 조금 더 세심하게 준비해서 오늘보다 조금 더 다정하고 정성스럽게 맞아 드릴게요.
#모얼오버 #더현대서울 #팝업스토어

두 번 하라면 못할 것 같은 나의 팝업 일기.
사실 브랜드를 내고 초기에 메이저 백화점에서 팝업스토어를 한다는 게 거의 불가능한 일이었다. 그 불가능한 기회를 얻게 되어 더 많은 사람들에게 우리가 하려는 것이 뭔지 보여 주고 이야기해 보고 싶었다. 백화점에서 요구하는 기대 물량을 맞추느라 우리 규모에 맞지 않은 엄청난 발주도 해보고 나중에 재고를 어떻게 관리하고 처리하면 좋은지 동동 발도

구르고 며칠을 울기도 했다. 저 때는 뒤에 일어날 일들은 아무것도 모른 채 밝게 웃고 있었네.

 withent77

moonimo_ony_님 외 **482명**이 좋아합니다
withent77 1-2 시작할 때 그랬던 것처럼 마지막도 우리손으로 철거를 했다. 일주일간 정든 벽면도 떼어내고 전광판에 달린 이름도 다른 누군가의 브랜드로 교체된다. 누군가의 시작과 누군가의 끝이 맞닿아있다. 시작과 끝은 멀지만 실은 이렇게 붙어있다.

3-4 행사 첫날 윗층 카페에서 커피 주문을 하는데 메뉴를 몇번이고 되묻고 마지막엔 할부 하시겠냐고 해서 11,000원도 할부해줘요? 했더니 죄송합니다 제가 오늘 처음이라서요 했던 인턴 직원. 아 그래요? 누구에게나 처음이 있죠. 파이팅. 이라고 했었는데 마지막날인 오늘 가보니 같은 인턴이 주문을 받았고 그새 능숙해져서 괜히 내가 흐뭇했다. 모든 것엔 처음이 있고 처음은 늘 떨리고 또 오래도록 기억되는 법이지. 우리가 그랬던 것 처럼.

5-6 자기 새끼 이쁘다고 너무 자랑하면 팔불출 같지만 기록으로 남기지 않을 수 없는 우리 팀 자랑. 뭐(M)든지 다(D)하는게 MD라지만 정말 뭐든지 다 해내는 정원이. 그래픽디자인부터 양말디자인 아트디렉팅까지 전천후로 뛴 경민이. 놀라운 적극성과 친밀감으로 브랜드와 상품 소개를 해준 윤주 그리고 현이. 그리고 공룡삼촌, 아영이 민정쌤까지 팝업 내내 한팀이 되어준 식구들. 이 사람들 없었으면 시작도 끝도 없었을테지.

7-10 마지막날인데도 놓칠 수 없다며 달려와 준 언니들 후배 팀장님 대표님 인친님들에게 하나같이 감사함으로 가득하다. 브랜딩에 대한 영감과 모티브, 에너지를 얻은 것은 물론이고 현장을 찾아 준 분들이 모두 스승이었다고 말하고 싶을만큼 배웠고 또 그들에게 배운대로 어떻게 살고싶은지 확실할 방향을 정한 순간들이었다.

피곤하지만 잠은 안오는 밤, 그래도 잠을 청하고 내일부터는 다시 평범하지만 새로운 일상으로 돌아가야지. 하룻밤 꿈 같았던 모얼오버 팝업스토어 문을 닫습니다. The End.
#밤 #글

Withent77 1-2 시작할 때 그랬던 것처럼 마지막도 우리 손으로 철거를 했다. 일주일 동안 정든 벽면도 떼어내고 전광판에 달린 이름도 다른 누군가의 브랜드로 교체된다. 누군가의 시작과 누군가의 끝이 맞닿아 있다. 시작과 끝은 멀지만 실은 이렇게 붙어있다.

3-4 행사 첫날 윗층 카페에서 커피 주문을 하는데 메뉴를 몇번이고 되묻고 마지막엔 할부를 하시겠냐고 해서 11,000원도 할부해주나요? 했더니 죄송합니다. 제가 오늘 처음이라서요 했던 인턴 직원. 아 그래요? 누구에게나 처음이 있죠. 파이팅이라고 했었는데 마지막날인 오늘 가보니 같은 인턴 직원분이 주문을

받았고 그새 능숙해져서 괜히 내가 흐뭇했다. 모든 것에는 처음이 있고 처음은 늘 떨리고 또 오래도록 기억되는 법이지. 우리가 그랬던 것처럼.

5-6 자기 새끼 예쁘다고 너무 자랑하면 팔불출 같지만 기록으로 남기지 않을 수 없는 우리 팀 자랑. 뭐(M)든지 다(D) 하는게 MD 라지만 정말 뭐든지 다 해내는 정원이. 그래픽 디자인부터 양말 디자인, 아트 디렉팅까지 전천후로 뛴 경민이. 놀라운 적극성과 친밀감으로 브랜드와 상품 소개를 해준 윤주 그리고 현이. 그리고 공룡삼촌, 아영이 민정쌤까지 팝업 내내 한팀이 되어준 식구들. 이 사람들 없었으면 시작도 끝도 없었을테지.

7-10 마지막날인데도 놓칠 수 없다며 달려와 준 언니들 후배들 팀장님 대표님 인친님들에게 하나같이 감사함으로 가득하다. 브랜딩에 대한 영감과 모티브, 에너지를 얻은 것은 물론이고 현장을 찾아 준 분들이 모두 스승이었다고 말하고 싶을만큼 배웠고 또 그들에게 배운대로 어떻게 살고 싶은지 확실한 방향을 정한 순간들이었다.

피곤하지만 잠은 안오는 밤, 그래도 잠을 청하고 내일부터는 다시 평범하지만 새로운 일상으로 돌아가야지. 하룻밤 꿈 같았던 모얼오버 팝업스토어 문을 닫습니다.
The End.

더현대 팝업스토어를 마치며 피드를 썼던 이 날 저녁은 아직도 잊을 수가 없다. 시작과 끝은 언제나 맞닿아 있지. 그때 인턴이라고 쓰인 명찰을 달고 있던 직원분은 커피의 고수가 되어 있겠지.

withent77
OPNNG

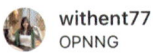 ah_young_jang님 외 **519명**이 좋아합니다
withent77 살다보니 슬프고 힘든 일 위로하는 것보다 더 큰 우정은 진짜 좋은 일 기쁜 일 있을때 배 아파하지 않고 진심으로 축하해주는 일 같더라구요. 슬픈 일은 당연히 같이 울어주고 또 좋은 일 있을 땐 누구보다 크게 기뻐해줄 수 있는 친구들이 있으면 괜찮은 인생 같아요. 이미 지난 생일 너무 요란하게 하는거 아닌가 싶기도 하지만 또 그 핑계로 바빠 자주 못만나는 사람들 만나 평소엔 멋쩍어서 앞에두고 안하는 말도 편지로 받아보고 주변을 돌아보게 되는 것 같아요. 장신구 안하고 다니기로 유명한 저인데 왕관 귀걸이 목걸이 반지 풀세트 살면서 처음 받아서 자랑도 해봅니다헤헤. 받은 마음 당연하게 여기지 않고 사랑으로 갚을거예요🤍

Withent77 살다 보니 슬프고 힘든 일 위로하는 것보다 더 큰 우정은 진짜 좋은 일 기쁜 일이 있을 때 배 아파하지 않고 진심으로 축하해주는 일 같더라구요. 슬픈 일은 당연히 같이 울어주고 또 좋은 일이 있을 땐 누구보다 크게 기뻐해줄 수 있는 친구들이 있으면 괜찮은 인생 같아요. 이미 지난 생일 너무 요란하게 하는 것 아닌가 싶기도 하지만 또 그 핑계로 바빠 자주 못만나는 사람들 만나 평소에는 멋쩍어서 앞에 두고 안하는 말도 편지도 받아보고 주변을 돌아보게 되는 것 같아요. 장신구 안하고 다니기로 유명한 저인데 왕관 귀걸이 목걸이 반지 풀세트 살면서 처음 받아서 자랑도 해봅니다. 받은 마음 당연하게 여기지 않고 사랑으로 갚을게요.

좋으면서도 서로에게 부담이 될까 봐 불편한 생일. 내가 아는 모 대표님은 주변 사람들에게 괜한 부담을 주고 싶지 않아 매년 생일 근처엔 한국을 떠나 멀리 나가 있는다고 하셨다. 물론 물리적으로 멀어도 축하의 마음은 닿을 수 있겠지만! 아무튼 받을 것을 기대하지 않고 주고 싶으면 주는 마음, 또 받으면 고마워할 줄 아는 마음이 가장 중요하지 않을까. (내년 생일엔 나도 멀리 가보고 싶다.)

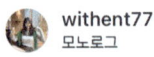 **withent77**
모노로그

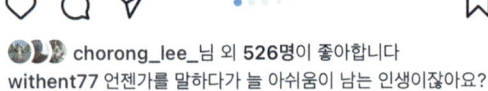
chorong_lee_님 외 **526명**이 좋아합니다
withent77 언젠가를 말하다가 늘 아쉬움이 남는 인생이잖아요? 지금 이순간 이라고 말해주는 친구가 있어서 전 오늘 후련하고 재밌었어요. 언제나 두번 망설이는 임이랑 생일이었습니다. 끝!
#hbd

Withent77 언젠가를 말하다가 늘 아쉬움이 남는 인생이잖아요. 지금 이순간 이라고 말해주는 친구가 있어서 저는 오늘 후련하고 재밌었어요. 언제나 두번 망설이는 임이랑 생일이었습니다. 끝!
#hbd

합법적으로 조금 취해도 괜찮은 날. 생일.

 withent77

 dual_holic님 외 **421명**이 좋아합니다

withent77 평범한 모든 날. 이라고 오늘 하루를 요약했다가 덧붙여본다. 좋아서 슬퍼서 속상해서 고마워서 미워서 예뻐서 가슴 벅찬 하루였다. 오랜 불면을 겪고 있는데 어제는 나름 푹 잤고 꿈이 생생해서 아침에 네이버 꿈풀이를 찾아보니 엄청 좋은 꿈이었다. 며칠동안 다른 내용과 주제의 꿈을 꾸는데 연달아 길몽(이라고 한다네이버가). 괜히 로또도 사봤다. 만약 당첨 된다면 하고 싶은건 (아직) 없다. 로또는 안될 것 같지만 좋은 일들은 생길 것 같다. 시간은 공평하게 흐르고 크고 작음은 있지만 천체망원경으로 밤하늘을 보듯이 우리의 삶을 들여다보면 실은 모두 반짝이고 있다.

Withent77 평범한 모든 날. 이라고 오늘 하루를 요약했다가 덧붙여본다. 좋아서 슬퍼서 속상해서 고마워서 미워서 예뻐서 가슴 벅찬 하루였다. 오랜 불면을 겪고 있는데 어제는 나름 푹 잤고 꿈이 생생해서 아침에 네이버 꿈풀이를 찾아보니 엄청 좋은 꿈이었다. 며칠동안 다른 내용과 주제의 꿈을 꾸는데 연달아 길몽(이라고 한다 네이버가.) 괜히 로또도 샀다. 만약 당첨 된다면 하고 싶은 건 (아직) 없다. 로또는 안될 것 같지만 좋은 일들이 생길 것 같다. 시간은 공평하게 흐르고 크고 작음은 있지만 천체망원경으로 밤하늘을 보듯이 우리의 삶을 들여다보면 실은 모두 반짝이고 있다.

빛나지 않는 삶은 없다.

 withent77

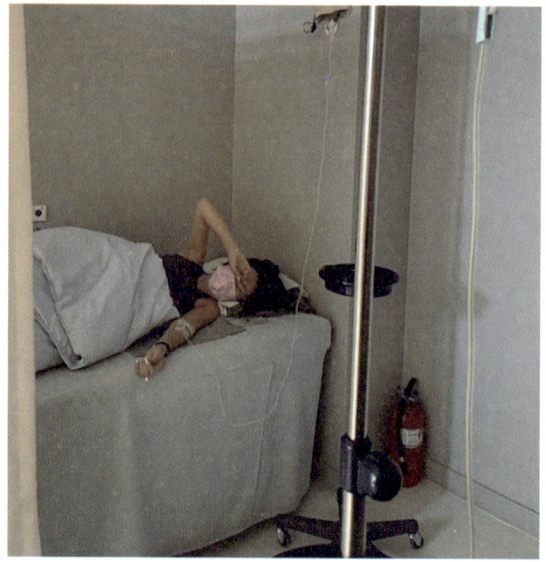

mmmmmmjung님 외 **488명**이 좋아합니다
withent77 아픈건 아니고 몇년째 괴롭히는 원인불명 알러지가 좀 심해져서 가라앉히는 주사 맞고 왔어요. 어떻게 항상 밝고 명랑하고 씩씩하냐는 말을 들은 적이 있어요. 그렇지 않은 날도 당연히 많죠. 골골대고 칙칙한 오늘도 남겨봅니다. 적당히 어둡고 약간 비좁은 침대에 한쪽 팔은 못 움직이게 주사 바늘을 꽂고 있으니 왠지 마음이 차분해지고 나 요즘 무슨 생각 많이 하지 돌아보게 되고 좋더라구요.

> 지난주에 하루는 엉엉 울었어요. 지난 날의 후회는 잘 하지 않는 편인데 그날 밤은 지난 날의 내가 너무 후회가 되는 날이었어요. 그때의 나는 왜 그렇게 간절했고 절실했는지 너무 열심이었던 내가 싫더라구요. 조금 더 정확히 말하면 그랬던 내가 너무 짠해서 그런 나를 부정하고 싶은 마음이랄까. 만나는 모든 사람에게 최선을 다하고 모든 관계에 주어진 모든 일에 최선을 다해내는 것이 나를 증명해내는 거라 여기던 날들. 지금은 그렇게 살지 않아(못해)요. 내가 누구인지 협상하고 쟁취해내는 것이 아니라 시간과 함께 증명된다는 것을 어느 순간 알았거든요. 이제는 별로인건 별로라고 말하고 맞지 않고 원하지 않는 일은 하지 않을 용기와 결단이 있어요. 나이 드는게 싫지만은 않은건 이런 것 -경험에서 나오는 분별이 생긴다는 것- 때문이겠죠. 미혹하지 않을 나이라니. 논어에 나오는 말은 정말이지 주옥같네요.
>
> 아무튼 주사 잘 맞고 간지러운 것도 가라앉히고 떠들썩하던 마음도 가라앉히고 나니 너무 맑고 좋네요. 어릴적 엄마가 곰탕 끓일때 팔팔끓인 소뼈 육수를 차게 식히면 위에 기름 싹 걷어내고 아래 맑은 육수만 나오는 것처럼.
> #밤 #글

Withent77 아픈 건 아니고 몇년 째 저를 괴롭히는 원인불명 알러지가 좀 심해져서 가라앉히는 주사를 맞고 왔어요. 어떻게 항상 맑고 명랑하고 씩씩하냐는 말을 들은 적이 있어요. 그렇지 않은 날도 당연히 많죠. 골골대고 칙칙한 오늘도 남겨봅니다. 적당히 어둡고 약간 비좁은 침대에 한쪽 팔은 움직이지 못하게 주사 바늘을 꽂고 있으니 왠지 마음이 차분해지고 나 요즘 무슨 생각 많이 하지 하며 스스로를 돌아보게 되고 나름 좋더라구요.

지난 주에 하루는 엉엉 울었어요. 지난 날의 후회는 잘하지 않는 편인데 그날 밤은 지난 날의 내가 너무 후회가 되는 날이었어요. 그때의 나는 왜 그렇게 간절하고 절실했는지 너무 열심이었던 내가 싫더라구요, 조금 더 정확히 말하면 그랬던 내가 너무 짠하고 별로여서 그런 나를 부정하고 싶은 마음이랄까. 만나는 모든 사람에게 최선을 다하고 모든 관계에, 주어진 모든 일에 최선을 다해내는 것이 나를 증명하는 것이라 여기던 날들. 지금은 그렇게 생각하지 않아(못해)요. 내가 누구인지 협상하고 쟁취해내는 것이 아니라 시간과 함께 증명된다는 것을 어느 순간 알았거든요. 이제는 별로인 건 별로라고 말하고 원하지 않는 일은 하지 않을 용기와 결단이 있어요. 나이 드는게 싫지만은 않은 것은 이런 것 – 경험에서 나오는 분별이 생긴다는 것 – 때문이겠죠. 미혹하지 않을 나이라니. 논어에 나오는 말은 정말이지 주옥 같네요.

아무튼 주사 잘 맞고 간지러운 것도 가라 앉히고 떠들석하던 마음도 가라 앉히고 나니 맑고 좋네요. 어릴 적 엄마가 곰탕 끓일 때 팔팔 끓인 소 뼈 육수를 차게 식히면 위에 뜨는 기름을 싹 걷어내고 아래 맑은 육수만 남는 것처럼.
#밤 #글

나이 마흔살이 되어서는 미혹되지 않을 나이라 했다.
불혹(不惑). 경험에서 나오는 분별이 생기는 나이.

withent77 오늘은 임맑음 ❤️ 사랑은 언제나 그곳에. 우리가 가야하는 곳. love is always part of me.

Withent77 오늘은 임맑음. 사랑은 언제나 그 곳에. 우리가 가야하는 곳. Love is always part of me.

이소라 언니의 노래들을 좋아한다. 이소라의 프로포즈를 보고 자란 세대다. 핸드폰도 없던 시절 집전화로 약속을 잡고 편지를 주고받으면서 펜팔 친구를 사귀던 시절.
어쩌면 지금보다 사랑이 많았던 시절 같다.

 withent77

mmmmmmjung님 외 **433명**이 좋아합니다

withent77 마음에 허기가 질 때면 꺼내보는 영화에서 재하의 팩폭에 혜원이가 수긍하며 이런 말을 한다. 열심히 산다고 문제가 해결되진 않지. 가장 중요한 일을 외면하고, 그때 그때 열심히 사는 척 고민을 얼버무리고 살아가는거, 이게 가장 큰 문제라고. 나도 마음이 뜨끔한다. 얼버무리고 싶지 않다. 핑계를 대고 싶지 않고 마지못해 하고 싶지 않고 정성껏 살아보고 싶다. 햇볕을 충분히 받고 자란 완숙 토마토는 아무렇게나 밭에 던져놔도 뿌리를 내리고 다음 해면 토마토가 열린다. 당당하게 잘 익고 싶다. 다시 마음밭을 토닥여본다.

#바라던_칠월

Withent77 마음에 허기가 질 때면 꺼내보는 영화 리틀포레스트. 재하의 팩폭에 혜원이가 수긍하면 이런 말을 한다. 열심히 산다고 문제가 해결되진 않지. 가장 중요한 일을 외면하고, 그때 그때 열심히 사는 척 고민을 얼버무리고 살아가는 거, 이게 가장 큰 문제라고. 나도 마음이 뜨끔하다. 얼버무리고 싶지 않다. 핑계를 대고 싶지 않고 마지못해 하고 싶지 않고 정성껏 살아보고 싶다. 햇볕을 충분히 받고 자란 완숙 토마토는 아무렇게나 밭에 던져놔도 뿌리를 내리고 다음 해면 토마토가 열린다. 당당하게 잘 익고 싶다. 다시 마음 밭을 토닥여본다
#바라던_칠월

얼버무리지 말자. 정성껏 살자.
그리고 오늘 다시 봐야겠다. 〈리틀 포레스트〉

withent77

ziz0210님 외 **450명**이 좋아합니다

withent77 사람마다 느낌과 경험이 달라서 똑같은 환경과 조건에서도 생활방식은 천차만별인데다 각자가 전혀 다른 세상에서 살고 있다. 아니 애초에 똑같은 환경과 조건이라는 것 자체가 존재하지 않을 것이다. 그래서 어떤 사람에게는 공허하고 평범한 삶이 어떤 사람에게는 풍부하고 다채롭고 의미 깊은 세상이 되기도 한다. 행복도 슬픔도 자기가 만들어 내는 것이다. 지난 밤에는 나는 즐거운 순간에 나를 맡기고 행복이 내 안에 깃들기를 바랐고 아침에 일어나서 보니 사진 속 나는 많이 웃고 있다.

Withent77 사람마다 느낌과 경험이 달라서 똑같은 환경과 조건에서도 생활방식은 천차만별인데다 각자가 전혀 다른 세상에서 살고 있다. 아니 애초에 똑같은 환경과 조건이라는 것 자체가 존재하지 않을 것이다. 그래서 어떤 사람에게는 공허하고 평범한 삶이 어떤 사람에게는 풍부하고 다채롭고 의미 깊은 세상이 되기도 한다. 행복도 슬픔도 자기가 만들어 내는 것이다. 지난 밤에 나는 즐거운 순간에 나를 맡기고 행복이 내 안에 깃들기를 바랐고 아침에 일어나 보니 사진 속 나는 많이 웃고 있다.

같은 시간 같은 시대를 살지만 모두 다른 인생을 살고 있다. 그 이유는 지옥이나 천국이 결국 내 안에 있기 때문일 것이다.

에필로그

어차피 인생은 앞으로 가는 것밖에 없으니.
고(Go) 아니면 고(苦)니까.

 withent77

ziz0210님 외 **393명**이 좋아합니다

withent77 마음이 괴롭다. 그래도 일어나서 하루를 시작한다. 6시15분 알람을 몇번을 끄고야 일어나서는 분주하다. 같은 30분도 체감은 다르다. 밤의 시간 아침의 시간이 다르고 그늘의 시간 땡볕의 시간이 다르듯. 테오의 그림자 공연을 보면서 하루를 마무리한다. 테오가 잘 자라고 있다. 주는 사랑보다 훨씬 더 잘 큰다. 나의 가장 큰 기쁨이다.

마음은 여전히 괴롭다. 내가 뾰족한건지 세상이 뾰족한건지 뭐하나 쉬운게 없다. 그래도 작고 사소한 즐거움들은 늘 주변에 있다. 나의 뾰족함을 받아주는 사람들이 있어서 또 살아진다. 출근길에 어젯밤 깜깜한 방에서 찍은 그림자 강아지가 어떻게 찍혔지 하고 사진첩을 열었다가 귀여워서 한참 웃었다. 별수 없으니 오늘도 살아내보자. 어차피 인생은 고(苦) 아니면 고(Go)!

Withent77 마음이 괴롭다. 그래도 일어나서 하루를 시작한다. 6시 15분 알람을 몇번을 끄고야 일어나서는 분주하다. 같은 30분도 체감은 다르다. 밤의 시간 아침의 시간이 다르고 그늘의 시간 땡볕의 시간이 다르듯. 테오의 그림자 공연을 보면서 하루를 마무리한다. 테오가 잘 자라고 있다. 주는 사랑보다 훨씬 더 잘 큰다. 나의 가장 큰 기쁨이다.

마음은 여전히 괴롭다. 내가 뾰족한건지 세상이 뾰족한건지 뭐하나 쉬운게 없다. 그래도 작고 사소한 즐거움들은 늘 주변에 있다. 나의 뾰쪽함을 받아주는 사람들이 있어서 또 살아진다. 출근길에 어젯밤 깜깜한 방에서 찍은 그림자 강아지가 어떻게 찍혔지 하고 사진첩을 열었다가 귀여워서 한참을 웃었다. 별 수 없으니 오늘도 살아내보자. 어차피 인생은 고(苦) 아니면 고(Go)!

나는 지금 멈춰 있다. 내 인생은 지금 나아가지 못한다. 해가 바뀌고 많은 사람들이 새로운 다짐을 하는데 나는 다짐이 없다. 돌아보니 이룬 것은 없고 앞을 보니 해야 할 책임은 무겁다. 훌훌 털고 떠나고 싶은 마음은 현실의 가난한 마음이 나를 붙잡는다. 글로만 봤던 '번아웃'이라는 것이 나에게도 온 것인가. 연료가 소진되었다.

아이는 어느새 커서 초등학교 3학년이 되었다. 학원에서 학원으로 연결되는 사교육으로만 키우고 싶지 않은데 그렇게 하지 않고는 다른 선택지는 거의 없다. 늘 시간은 부족하고 방학에도 학교 돌봄과 방과 후

수업을 보내야 하는 우리의 상황에 미안함이 복리로 쌓여간다.

  사업은 연차만 쌓여가지 높아지는 기대와 목표를 채우기엔 턱없이 부족하다. 인스타그램은 더 빠르게 변하고 우리가 기반으로 하는 플랫폼은 실시간으로 바뀌는데 따라가기가 벅차다. 사업 초기에는 과정과 결과를 패기와 열정으로 포장했다며, 이제는 12년 동안 해 온 것들의 결과로 평가를 받아야 할 것 같은데 여전히 나는 실패한다. 성공을 가장해서 나는 아직 실패 중이다.

  내 사랑은 언제나 실패했다. 누군가에겐 평범한 일상이고 평범한 삶일 수 있는 것들이 나에게는 평범한 적이 없다. N년차가 되었지만 나를 설명하는 이혼이라는 단어가 여전히 불편하다. 사랑이 가득했을 때의 풍요로운 마음이 그립다.

  언젠가부터 불리우게 된 '인플루언서'라는 말이 나에게 어울리지 않는다는 생각이 들었다. 내 인생이 내 마음이 이렇게 엉망인 것만 같은데 누구에게 어떤 영향을 줄 수 있을까. 좋은 영향은커녕 흑화되는 건 아닌가 싶다. 인스타그램을 그만 해야겠다고 생각했다. 마지막이라고 생각하니 아쉬움이 남아서인지 나의 지난 날들을 한번쯤은 돌아보고 싶었다. 내가 올렸던 사진 내가 썼던 글은 다시 잘 보지 않는다. 예전에 찍은 사진은 촌스러워 보이고 예전에 찍은 글들은 마음이 오글거릴 때가 많아서. 그래도 돌려보기로 했다. 시간을 돌려 아래로 아래로 내려가 본다. 일주일 한달 계절 그리고 해를 넘어 내려가고 내려간다. 밤을 샜다. 지난 나의 날들에 멈춰 펑펑 울기도 했고 내가 이렇게 생각했었다고? 하며 깔깔대며 어이도 없어 하고 욕도 했다. 그러다 나만 아는 기억들에 미소를 한참 짓기도 했다.

멈춰 있던 내 발이 조금 움직이는 것 같다. 다시 걷고 싶어졌다. 집 밖을 나가 동네를 한바퀴 걸었다. 나의 과거가 나에게 새로운 자극을 주었다. 조금 더 멀리 걸을 수 있을 것 같다. 타인에게 영향을 주기 전에 나는 나에게 나 다움을 다시 말해 주었다. 내가 나에게 그랬듯이, 나의 글이 누군가에게 비를 피해 잠시 쉬어 갈 처마가 되었으면 좋겠다.

어차피 인생은 앞으로 가는 것밖에 없으니. 고(Go) 아니면 고(苦)니까.

작가의 말

 마지막 장에 이르렀습니다. 지난한 시간들이 끝나 간다는 홀가분한 기분이 듭니다. 피로와 긴장으로 솟아 있던 어깨에 힘을 빼고 두 팔도 툭 하고 떨어뜨리니 나른해집니다. 비로소 안온한 밤을 맞이합니다.

 테오가 태어난 지 백일이던 날에 찍은 사진을 오랜만에 찾아봤습니다. 이제는 무디어졌겠지 싶었는데 전혀 그렇지가 않나 봅니다. 눈물이 쏟아졌습니다. 목도 제대로 가누지 못하는 작디작은 아가. 그 날의 내 표정이 비치는 것만 같은 눈동자. 방긋대며 엄마와 눈을 마주치던 그 모습이 너무나 선명합니다. 자이언티의 〈양화대교〉라는 노래가 세상에 나오기도 훨씬 전인 그 때에 테오가 잠이 들면 혼자 양화대교까지 걸어갔습니다. 눈을 감으면 모든 게 끝이었으면 좋겠다 싶었는데 눈을 뜨면 또 아침이었고 주어진 하루를 살아내다 보니 여기까지 왔습니다.

 국민학교를 입학해서 초등학교로 졸업한 세대로 어릴 적 장래희망 란에 작가라고 썼지만 작가가 정말로 될 거라고는 생각하지 않았습니다. 간절히 바란 것이 이뤄진 적도 아직 없습니다.

 외로웠고 쓸쓸했고 고독했지만 그럼에도 불구하고 사랑으로 충만했던 순간들을 이 책을 쓰며 마주했습니다. 새로운 희망으로 살아내던 오늘, 홀로 마음껏 취하고 눈물로 얼룩진 얼굴로 원 없이 쏟아내고 잠들어버리는 시간도 이제는 제법 익숙합니다. 돌아보니 혼자였지만 혼자가 아니었고, 주변에는 늘 나를 지켜주는 사랑이 있었습니다. 내 손가락을 움켜쥐던 작은 생명이었던 테오가 초등학교 4학년이 되는 새해가 되었고 힘주어 말하지 못했던 꿈을 그리고 사랑을 다시 써봅니다.

한번도 실제로 만난 적은 없지만 피드에 올린 사진과 글을 보며 오랫동안 작은 별빛에 응원을 보내 준 인스타그램의 팔로워분들과 인친님들 덕분에 이 책이 세상에 나오게 되었습니다. 나를 살려주고 키워준 테오, 모든 걸 새로 배워가며 함께 해준 문정 편집장님, 그리고 너의 글을 믿고 책을 써보라고 용기를 줬던 안 작가님에게 감사의 마음을 전합니다. 저의 사랑도 작은 별빛에 실어 보냅니다.

사랑한다고 말할 수 없으면 사랑이 아니래

2025 년 2 월 1 일 초판 1 쇄 발행

글·사진   임이랑
편집   최문정
펴낸곳   주식회사 모얼오버(Moreover)
전화   02)771-5448
이메일   rang@themoreover.co.kr

ⓒ 임이랑, 2025

ISBN   9791199071308(03800)

이 책의 저작권은 저자에게 있습니다.
이 책의 일부 또는 전부를 재사용하려면 반드시 저작권자와
출판사 양측의 동의를 받아야 합니다.
책값은 뒤표지에 있습니다.